I0867466

EL CASTILLO DE LOS 9 ESPEJOS

Una fábula sobre el poder de los sueños

Francesc Miralles

EL CASTILLO DE LOS 9 ESPEJOS

Una fábula sobre el poder de los sueños

Incluye manual práctico
y nuevo prólogo del autor

EDICIONES OBELISCO

Si este libro le ha interesado y desea que le mantengamos informado
de nuestras publicaciones, escríbanos indicándonos qué temas son de su interés
(Astrología, Autoayuda, Psicología, Artes Marciales, Naturismo,
Espiritualidad, Tradición...) y gustosamente le complaceremos.

Puede consultar nuestro catálogo en www.edicionesobelisco.com

Colección Espiritualidad
El castillo de los 9 espejos
Francesc Miralles

1.ª edición: marzo de 2020

Corrección: *M.ª Ángeles Olivera*
Diseño de cubierta: *Coffeemilk*

Edita: Ediciones Obelisco, S. L.
Collita, 23-25. Pol. Ind. Molí de la Bastida
08191 Rubí - Barcelona - España
Tel. 93 309 85 25 - Fax 93 309 85 23
E-mail: info@edicionesobelisco.com

ISBN: 978-84-9111-561-8
Depósito Legal: B-2.902-2020

Impreso en los talleres gráficos de Romanyà/Valls S. A.
Verdaguer, 1 - 08786 Capellades - Barcelona

Printed in Spain

ESPEJO ES

El origen de este libro, que se publicó por primera vez hace más de quince años, se halla en mis inicios en el mundo editorial. Tras estudiar filología alemana y un posgrado de edición, empecé a recibir encargos como traductor de libros en inglés y alemán que me abrieron las puertas a aspectos de la psicología y espiritualidad que desconocía. Poco después fui contratado como editor de un sello con esta clase de contenidos.

Uno de los temas que me fascinó fue el de los sueños lúcidos. Me fijé en que había diversos ensayos sobre el tema, pero no conocía ninguna novela que narrara esta clase de experiencias. Era el año 2003 y empecé a diseñar el argumento de *El castillo de los 9 espejos*.

Por aquel entonces, acababa de establecerme como *freelance* –la vida de oficina no era para mí– y mi experiencia literaria como autor apenas había salido de la literatura juvenil. Quizás por eso, cuando mi agente, Sandra Bruna, vendió al editor de Obelisco mi proyecto, decidí firmarla con el nombre de la protagonista, Irene Mond, puesto que está narrada en primera persona.

Salvando distancias siderales, me inspiré en lo que había hecho Hermann Hesse con *Demian*, que se publicó inicialmente bajo la autoría de su joven protagonista: Emil Sinclair.

Mi fábula sobre los sueños lúcidos se publicó en 2004 y tuvo muy pronto una segunda edición, lo cual fue una noticia muy agradable. Varios lectores que conocían el secreto de que yo era el autor me animaron a preparar un segundo libro, en forma de manual, para quienes quisieran emprender viajes como los de Irene Mond.

De ahí surgió Sueños lúcidos: cómo inducirlos e interpretarlos, donde me limité a divulgar la sabiduría de los especialistas en el tema con un enfoque práctico. Se publicó en 2005, firmado por Irene Mond y Alexander Alba.

«¿Quién es Alexander Alba?», tal vez te preguntarás. Se trata del profesor, especialista en sueños lúcidos, que guía a Irene Mond a lo largo de sus aventuras. En la novela aparece como Dr. Alba y está inspirado, en cuanto a físico y carácter, en un médico al que conocí en mi adolescencia.

En aquella época, mientras iba de fracaso en fracaso en los estudios, mi vida era de un nihilismo total, fuera de los conciertos de punk a los que acudía casi diariamente. *No future* era lo que sentía en el fondo de mi alma. Tenía pocos amigos, no había conocido aún el amor y estaba muy enfadado con el mundo.

Llegó un punto en el que, a los quince años, dejé de ir a clase y empecé a beber cerveza y coñac cada mañana mientras jugaba a cartas con otros prófugos del instituto.

Muy preocupada, mi madre decidió llevarme a un psiquiatra que le habían recomendado, por si él daba con la clave que ella no había encontrado. Acepté a regañadientes y me encontré en la consulta de un hombre de edad muy avanzada, de pelo y barba canos y gafas de pasta. Su mirada y su tono de voz eran muy amables. Desde el primer momento supe que no me juzgaba, sólo trataba de comprenderme, sabedor de que la vida no es nada fácil para nadie.

Era el Dr. Alba Chica, y aunque me gustó mucho charlar con él, no pude disfrutar más que de un par de sesiones, porque de una semana para otra dejó su consulta, quizás por problemas de salud que le obligaron a jubilarse.

Incluirlo en la novela es un homenaje a este personaje que, por tan breve tiempo, fue un faro de luz en el túnel de la adolescencia.

Al preparar esta versión revisada de la novela, me he dado cuenta de que *El castillo de los 9 espejos* fue mi primera fábula –y, de hecho, mi primera novela–, años antes de escribir con Care Santos *El mejor lugar del mundo es aquí mismo*, y con Álex Rovira *El laberinto de la felicidad* y *Un corazón lleno de estrellas*.

Por lo tanto, aunque de manera más desnuda y primitiva, aquí está la esencia de lo que acabaría siendo mi estilo en la narrativa inspiracional, con la particularidad, además, de que esta fábula la escribí solo.

Además de que la protagonista narra la historia en primera persona, en su momento no quise firmarla porque tenía lo que mi amigo Xavier Guix ha etiquetado como «síndrome del vicepresidente». Me avergonzaba estar bajo los focos, así que prefería ceder el protagonismo a un coautor o, como en este caso, a un seudónimo, aunque sea el alma de la novela, que resumiré –sin *spoilers*– a continuación.

Sumida en una honda crisis existencial, Irene Mond acude a la consulta del Dr. Alba, que la ayudará a transformarse a través de los sueños lúcidos.

Para ello tendrá que encontrar 9 espejos –reales o simbólicos– que se ocultan en su mundo onírico, cada uno de los cuales guarda una importante revelación para sí misma.

Al fundador de Obelisco, Juli Peradejordi, le gustaba mucho esta fábula y siempre me decía que le parecía preciosa y muy inspiradora.

Aquí quiero hacer un punto y aparte para hablar de la persona que llevó a la imprenta este libro por primera vez y que ahora lo ha revivido en esta nueva edición.

Los que conocen desde dentro el sector editorial saben que es un mundo duro y áspero, instalado casi siempre en la negatividad y la urgencia, carente muchas veces de humanidad y amabilidad. Juli Peradejordi es una honrosa excepción, y, de hecho, es una de las pocas personas de nuestro mundillo del que todo el mundo habla maravillas. Quince años después, le considero un buen amigo, además de un autor admirado –además de editar, escribe– al que he citado a menudo. Aunque coincidamos sólo un par de veces al año para comer, siempre son encuentros que nutren la mente y alegran el corazón.

En uno de los últimos, me dijo que le gustaría que firmara con mi nombre *El castillo de los 9 espejos*, una fábula que él nunca ha visto como una obra menor. A Juli no le puedo decir que no, así que acepté su propuesta y le sugerí que añadiéramos aquel pequeño manual práctico al final para que el libro fuera aún más completo.

Al releer esta fábula por vez primera en catorce años, casi todo lo que sucede me ha venido de nuevo, realmente como si no la hubiera escrito yo. Tal vez sea así, y aquel yo que la escribió ha dejado ya de existir para ser otra cosa.

En la lectura, me atrajo la personalidad de Irene Mond, que tiene mucho más carácter del que recordaba, y he disfrutado con sus conversaciones con el Dr. Alba, así como con los sueños formidables que la llevan hacia el centro de sí misma.

Cada sueño incluye un espejo revelador, y ahora me doy cuenta de que mi apellido tiene que ver con eso. Si lo separamos, MIRALL ES significa, en catalán, «espejo es», un recurso que mi padre había utilizado al escribir poesía para mis abuelos en alguna celebración.

Quiero aprovechar este prólogo para dar las gracias también a Anna Mañas, la mano derecha de Juli, que me confesó hace poco que le hacía especial ilusión la nueva edición de *El castillo de los 9 espejos*, porque había sido uno de los primeros libros de los que se había ocupado al entrar a trabajar en la editorial. Gracias también a su entusiasmo y eficiencia, esta obra ha llegado a tus manos.

A Juli, a Anna, a Sandra y a ti, que sostienes este libro, ¡gracias por existir!

Francesc Miralles

EL CASTILLO DE LOS 9 ESPEJOS

Una fábula sobre el poder de los sueños

*«Lo que ves con los ojos cerrados
es lo que cuenta».*

LAME DEER

FIN DE CICLO

El día en el que mi vida iba a cambiar estaba atenazada por el miedo, que hasta entonces siempre había condicionado cada aspecto de mi existencia.

Por miedo a estar sola había enlazado una relación negativa tras otra para casarme, finalmente, con el hombre equivocado. Por miedo a herirle, prolongué cinco años un matrimonio que no debería haber durado ni cinco minutos más.

Luego, la soledad.

Por miedo a fracasar de nuevo cerré la puerta a nuevas relaciones.

Un temor lleva al siguiente, y pronto empecé a tener serios problemas para conciliar el sueño. Me angustiaba estar sola en casa y no lograba serenar la mente. Llegaba a la oficina agotada, y tenía que hacer serios esfuerzos para mantener la calma ante el aluvión de llamadas telefónicas. No es divertido trabajar en el departamento de reclamaciones de una empresa si tienes la autoestima por los suelos.

Supongo que mi rendimiento había bajado de manera considerable, pero cuando la jefa de personal me comunicó que estaba despedida, no me lo podía creer. Sencillamente me derrumbé.

Corrí a casa y estuve llorando toda la mañana hasta que caí rendida. Ahora sé que estaba deprimida y me sentía vacía por dentro. Pero entonces no entendía qué me pasaba, y no encontraba fuerzas para salir del pozo por mí misma.

Al despertarme a media tarde, recuerdo que lo primero que hice –no sé por qué– fue mirarme en el espejo. Delante del cristal me dije:

«¿Adónde vas, Irene? Tienes ya cuarenta años y estás sin trabajo, sin amigos, sin amor. ¿En qué has fallado?».

A mitad de mi soliloquio llamaron al timbre. Me lavé la cara con abundante agua fría antes de ir a la puerta. Soy muy orgullosa y no soporto que nadie sepa que he llorado. Me pasé el cepillo por el pelo un par de veces y corrí a abrir.

No era nadie. Primero pensé que se trataba de una broma de algún niño del bloque, pero, acto seguido, vi un pequeño sobre blanco que descansaba sobre mi alfombrilla. Alguien había venido a traerlo, pero no se había esperado a que lo recogiera en mano. «Qué extraño…», pensé.

Me senté en el sofá con el sobre en la mano y permanecí inmóvil unos segundos, demasiado aturdida para hacer nada. Finalmente me decidí a abrirlo. Dentro había una hoja de calendario con un mensaje detrás escrito a mano. Decía lo siguiente:

> *Siento mucho lo que te ha sucedido. Llevo observándote un tiempo. Sé que has luchado para mantener ese trabajo y ahora debes de sentirte fatal. Pero tómalo como el fin de un ciclo. Si necesitas un empujoncito, conozco a una persona que puede ayudarte:*
>
> Dr. Alba, Avda. de los Tilos, 9.

SESIÓN CERO

Más por curiosidad que por convencimiento, esa misma tarde decidí acercarme a aquella dirección. Quería saber quién era aquel doctor al que me enviaba el autor de la nota.

Primero pensé que podía ser un psiquiatra, pero al llegar a la avenida de los Tilos descarté esa idea: era una antigua calle residencial donde la mayoría de las casas estaban abandonadas o bien se hallaban en obras. Gran parte de ellas no exhibían número alguno, y me costó trabajo dar con la casa correcta. Supe que era allí por la placa:

«DR. ALBA, ESPECIALISTA EN SUEÑOS LÚCIDOS».

Mi primera reacción fue dar media vuelta y volver a casa. Aquello sonaba a una broma de mal gusto. Pero había consumido casi una hora en dos autobuses para llegar hasta allí y me parecía frustrante rehacer el camino sin más. De modo que me tragué mi decepción y pulsé el timbre de bronce, que activó una vieja melodía infantil, una canción de cumpleaños o algo parecido.

«Esto es de locos», me dije. Pero antes de que pudiera echarme atrás, un suave zumbido indicó que la puerta se había abierto. Sólo tenía que empujarla, y eso hice.

Ante mí se abría un largo pasillo blanco –desprovisto de muebles o cuadros– con habitaciones a un lado y al otro. Daba la impresión de que allí no vivía nadie, pero el hecho de que la puerta se hubiera abierto demostraba lo contrario. Exploré el pasillo bajo el inquietante eco de mis pasos, y entré y salí de unas cuantas habitaciones vacías. Nada.

Iba a dar ya la visita por terminada, cuando, de repente, surgió una voz:

—Aquí –dijo.

Era una voz grave y algo quebrada, propia de un hombre mayor.

—¿Cómo? –pregunté asustada buscando de dónde venía la voz.

—Arriba –respondió–. Le estoy esperando aquí arriba.

Lancé la mirada en todas direcciones, pero no veía cómo podía llegar «arriba». Casi pensaba que estaba hablando con un fantasma cuando descubrí, tras una columna desconchada, una estrecha escalera de caracol.

Aquello no me tranquilizó, sino más bien todo lo contrario. Aun así, ya era tarde para cambiar de idea, y empecé a subir los breves escalones en una oscuridad total.

La escalera moría en una pequeña puerta de plancha que cedió tan sólo tocarla. Un estallido de luz anunció que me hallaba en una galería recubierta de cristal con un viejo escritorio en el centro. Detrás de él, un hombre de unos setenta años –el doctor Alba, sin duda–, de cabello cano y gafas de alta graduación. Al otro lado de la mesa, un sillón vacío. Estaba claro que esperaba que yo lo ocupara.

Tomé asiento sin atreverme a mirarle con detenimiento. Prefería que fuera él quien tomara la iniciativa. Le oí inspirar profundamente antes de decir:

—No me extraña que le vayan mal las cosas. Si mira siempre al suelo, estará condenada a arrastrarse.

Aquel comentario me pareció insolente y, por un momento, pensé en levantarme y salir de la casa. Creo que si permanecí allí fue, simplemente, porque no se me ocurría nada mejor que hacer.

—¿Quién le ha hablado de mí? –le pregunté molesta.

—Una amistad suya.

—Yo no tengo amigos.

—Pues, por lo visto, hay alguien que no piensa lo mismo.

—Esto es ridículo –protesté.

—Por cierto, Irene es un bonito nombre.

—Gracias.

—En griego significa paz.

—Lo sé.

Había decidido poner fin a la situación. Me disculparía por las molestias y, acto seguido, me levantaría. Pero aquel anciano miope y risueño me distrajo de mi propósito:

—No se preocupe por el dinero. Ya me pagará cuando vuelva a trabajar.

—¿Pagarle? ¿Para qué? Además… ¿y si no encuentro trabajo?

—Puedo correr ese riesgo. Estoy retirado, ¿sabe? De hecho, creo que me retiré sólo nacer. De las preocupaciones, me refiero. Y todavía soy un niño. ¿Sabe qué quiero decir?

—No.

—Bueno, da igual. No ha venido para conocer mi vida.

—La verdad es que no sé por qué he venido.

—Usted no lo sabe… –sonrió–, pero quien le ha mandado aquí sí.

Iba a preguntarle quién demonios era esa persona, pero justo entonces observé que el rostro del doctor adquiría una expresión solemne. Su tono era casi el de una advertencia:

—Espero que le guste viajar. Le queda mucho camino por delante.

—¿Viajar? ¿Adónde?

—Digamos que a un castillo, pero no a uno cualquiera. Es una mansión muy especial a la que sólo usted tiene acceso.

—¿Cómo? No entiendo nada.

—Le llamaremos «el castillo de los 9 espejos». Pero vamos a ir por partes.

Pensé que aquel hombre estaba chiflado y que lo mejor era seguirle el juego. Pasado un tiempo prudencial, me marcharía de allí para no volver nunca más.

—¿Cómo se llega al castillo de los 9 espejos? –le pregunté fingiendo interés.

—Volando, por supuesto.

Aquello confirmaba mis sospechas. Decidí, sin embargo, ser indulgente con él. No quería ofenderle.

—Pero yo no sé volar, profesor. ¿Puedo llamarle así?

—Ése es un problema que vamos a tener que solucionar.

—¿Me va a regalar unas alas?

Enseguida me arrepentí de haber dicho aquello. No era mi intención burlarme de él. Al fin y al cabo, probablemente sólo fuera un pobre viejo que necesitaba compañía para sus imaginaciones.

—No le hacen falta. Con que levantes la mirada del suelo será suficiente.

—¿Así de fácil?

—Así de fácil.

—Pero usted me acaba de decir que a ese castillo sólo se llega volando.

—¿Y qué cree que hace cuando sueña?

LA FIRMA

Era martes y, aunque no me apetecía nada pisar de nuevo la empresa, tuve que acudir para firmar el finiquito.

Atravesé las oficinas eludiendo las miradas de conmiseración de mis antiguos compañeros. Uno de ellos me sujetó por la manga en mi camino hacia el despacho de la directora. Era Adrián, el contable.

—¿Qué tal estás? –me susurró.

Creo que no llegué a contestarle. En tres zancadas me planté en el despacho de Beatriz, apenas veinticuatro horas después de que me hubiera despedido.

—Pasa, Irene.

Me quedé delante de su escritorio sin sentarme, mientras ella abría una carpeta azul y extraía un pliego de papeles con un cheque sujetado por un clip. Observé en silencio cómo sus ojos rasgados repasaban sin prisas todos los documentos. Siempre me había llamado la atención una pequeña curva descendente, a lado y lado de los párpados, que le otorgaban un aire casi oriental.

Camino de los cincuenta, podía decirse que Beatriz era una mujer atractiva, muy atractiva incluso. Me sorprendí a mí misma pensando todo esto, cuando me hallaba ante la persona que me había puesto de patitas en la calle. Aunque se supone que debería detestarla, la verdad es que no lograba sentir odio hacia ella.

Deslizó los papeles suavemente hacia mí y, con voz indiferente, dijo:

—Si estás de acuerdo, firma aquí abajo. Es lo que te corresponde según el convenio: un mes de sueldo por año trabajado.

Empecé a sentir que aquel despacho de cristal me producía claustrofobia, así que ignoré la letra pequeña y firmé maquinalmente los documentos. La mirada de Beatriz era firme, como si me estuviera diciendo: «Mide mejor tus pasos a partir de ahora».

Sólo se suavizó al ver mi nombre garabateado en el papel. Respiró hondo, como si se hubiera quitado un peso de encima. Entonces, mientras me apretaba la mano a modo de despedida, repuso:

—Lo siento.

SESIÓN UNO

El profesor Alba jugueteaba con una postal sin escribir de la que yo sólo veía el reverso. La sostuvo un rato a cierta distancia para contemplar mejor la imagen y la volvió a guardar en el cajón.

—¿Ha leído a Jung? –me preguntó entrecerrando los ojos.

—No.

—Era un colaborador rebelde de Freud. A mi entender, explicó muy bien lo que es el inconsciente.

—¿Ah sí? –asentí con fingido interés.

—Freud decía que la mente es un iceberg del que sólo emerge una séptima parte de su volumen. El resto queda oculto. Jung fue un poco más lejos y equiparó el inconsciente a una mansión.

—El castillo de los 9 espejos.

—Lo de los espejos es cosa mía –rio el profesor entre dientes–, pero veamos antes cómo es esa mansión. Es como si viviéramos en una casa magnífica de la que sólo conocemos el sótano: eso es la conciencia. Al soñar, abandonamos el sótano y nos perdemos por los corredores y escalinatas de nuestra mente. ¿Me sigue?

—Por supuesto –dije seducida por aquella explicación.

—Entramos en habitaciones secretas que nos dan miedo, así como en trasteros que no tienen utilidad alguna. Si tenemos suerte, podemos acceder a salas inundadas de una claridad y belleza embriagadoras. Sus ventanales dan a deliciosos paisajes con senderos que llevan a territorios nunca imaginados.

—Creo que no he estado en un lugar así desde niña.

—En la mansión del inconsciente también encontramos personas –dijo el profesor haciendo caso omiso a mi comentario–. Algunas nos resultan familiares, y otras totalmente desconocidas. Depende de la puerta que abras, puede aparecer un bello príncipe o un monstruo terrorífico. Pero unos y otros tienen algo que enseñarnos.

—Como en los cuentos.

—Algo así. Los sueños son cuentos que nos lee el inconsciente y muchos de ellos tienen un mensaje en clave. Nuestra misión es descifrarlos, porque tienen algo importante que comunicarnos.

—¿Y qué tienen que ver los espejos con todo esto?

—Ahora llegaremos. He descubierto que en el castillo del inconsciente se ocultan una serie de espejos muy poderosos. Y lo curioso es que suelen ser exactamente nueve. Tal vez se deba a que el número nueve se asemeja a un espejo con su asa, aunque esté algo torcida.

—¿Y qué tienen de especial estos 9 espejos?

—Cada espejo refleja un aspecto diferente de ti que desconoces. Por lo tanto, aunque te cause terror, debes mirarte en él: eres tú y aquello que debes superar.

Dicho esto, dio una suave palmada sobre el escritorio, que levantó una nube de polvo. Seguí con la mirada cómo las partículas se expandían en forma de nube bajo un rayo de luz.

—La verdad es que no estoy segura de poder encontrar esos espejos –comenté–. Si le soy sincera, apenas soy consciente de lo que sueño.

—¡Ajá! –gritó inesperadamente el profesor Alba–. Ése es el quid de la cuestión. Si tuviéramos que encontrar esos espejos en los sueños comunes, la cosa nos llevaría años. Ahí es donde entran los sueños lucidos, mi especialidad.

—¿Qué son los sueños lúcidos?

—Tienen lugar cuando en un sueño, de repente, te das cuenta de que estás soñando. Es un estado muy poderoso, porque te permite explorar la mansión a voluntad. Con esa lucidez no te será difícil dar con los espejos.

—Pero cuando yo sueño, pienso que aquello está sucediendo en realidad –repuse.

—Y efectivamente está sucediendo, pero en un lugar diferente del mundo que conocemos en la vigilia. La clave está en soñar y ser capaces, a la vez, de controlar nuestros pasos dentro del sueño.

—Eso me parece muy difícil.

—Con un poco de práctica, se moverá a sus anchas. Para alcanzar la lucidez basta con que se dé cuenta de que está en un sueño.

—¿Y cómo se hace eso?

—Hay muchas técnicas para lograrlo, pero es indispensable prestar atención, aunque esté durmiendo. En los sueños, el mundo conocido suele tener fallos, como si los que montan el escenario hubieran trabajado con prisas: puede que las puertas y ventanas no estén donde suelen estar, que se mezclen elementos de diferentes personas o lugares, o bien que sucedan cosas que desafían a la lógica terrestre: ya sabe, elevarse por los aires y todo eso. Cuando detecte uno de estos signos, debe decirse «estoy soñando». A partir de aquí podrá moverse dentro de la escena con cierta autonomía. Debe estar atenta, porque los sueños lúcidos no suelen durar mucho. Aquí haremos luego el comentario de la película.

—La verdad es que no sé por dónde empezar –dije aturdida.

—Por aquí –repuso el profesor mientras abría el cajón.

Acto seguido, extrajo la misteriosa postal y me la entregó con una sonrisa de complicidad, como una azafata que te desea buen viaje.

PISTA DE DESPEGUE

Una vez en casa, puse en el equipo de música el «Arabesco en mi» de Debussy. Recuerdo que la primera vez que lo escuché, de muy pequeña, me pareció una melodía de otro mundo. Hacía girar el disco los domingos por la mañana y bailaba sola en el salón, dejándome mecer por las olas de la música.

Más de treinta años después, el «Arabesco» volvió a sonar y noté cómo una suave placidez se instalaba en mi corazón.

Para mi primera experiencia con la lucidez, el profesor me había recomendado que preparara la «pista de despegue» con todo aquello que me ayudase a relajarme y soltar la mente. Siguiendo sus indicaciones, me había puesto muy cómoda y había bajado las luces hasta la penumbra.

Prendí mi mejor incienso y el aire se perfumó con sinuosas serpientes de humo que parecían danzar al son de la música. Completé los preparativos con una infusión de hierbas relajantes.

Recostada en el sofá, di un par de sorbos a la infusión antes de coger de nuevo la postal. El profesor me había recomendado que, antes de dormir, me concentrara en ella para «hallar el camino». Mostraba un castillo en lo alto de una loma, y era difícil determinar si se trataba de una fotografía o de un dibujo.

Luchando contra el sueño, fijé mi atención en la escarpada construcción de almenas doradas que refulgían bajo la luna. Sentí que el cansancio se apoderaba de mis miembros y que los párpados me pesaban. Me puse una manta encima y, con la vista anclada en el castillo, me repetía suavemente: «Sabré que estoy soñando».

En el exterior, podía oír cómo el viento rozaba las hojas de los árboles en un fresco susurro. Me distraje un momento contando las estrellas que se veían desde mi ventana. Luego volví a la postal.

«Esto no funciona», me dije, y, acto seguido, caí en un profundo sueño.

PRIMER ESPEJO

Me hallaba en un sendero esmeradamente arreglado. Parecía que un escrupuloso jardinero se hubiera preocupado de despejar de hierba el camino, dejando una mullida capa de césped a lado y lado. De alguna manera sabía que aquella senda me conduciría al castillo y caminaba –descalza y con pijama– a su encuentro. Una enorme luna pendía en el firmamento.

No sé por qué, tuve la certeza de que aquél era el camino. Pero, aunque andaba sin descanso, no lograba vislumbrar el castillo. De repente me di cuenta de que el castillo, el mismo que había visto en la postal, se erigía a mi espalda. Curiosamente, yo seguía andando en la misma dirección, y, tras cada paso que daba, el castillo estaba más cerca de mí.

«Estoy soñando» me dije, pues en los sueños a menudo las cosas suceden al revés.

Noté que una superficie dura rozaba mi espalda y me giré. Estaba ante la puerta del castillo de los 9 espejos, que se abrió sin que necesitara empujarla. Pese a ir descalza, no notaba el frío del enlosado de piedra, como si caminara unos centímetros por encima del suelo. Otro signo revelador de que estaba soñando.

Decidida a mantener la lucidez, atravesé la amplia entrada del castillo, que terminaba en una escalinata de mármol. Era un palacio austero de techos altísimos, con antorchas que colgaban de las paredes. Una suave música de piano daba al lugar un aire menos lúgubre. Más que un «Arabesco», lo que sonaba era un vals lento y nostálgico que se detenía de vez en cuando para volver a empezar.

Sin duda, aquella música procedía de algún lugar más allá de las escaleras. Las subí en cuatro zancadas y atravesé un pequeño corredor que moría en unas gruesas cortinas. A través de ellas se colaba una intensa fuente de luz. La melodía surgía del otro lado.

Me abrí paso entre las cortinas y me encontré, de repente, ante una enorme sala de ballet, donde media docena de muchachas hacían ejercicios en la barra. En el centro de la estancia había un piano de cola, tocado por un hombre mayor con gafas de alta graduación. Era el profesor Alba, aunque aquello no me extrañó, ni tampoco el hecho de que no se percatara de mi presencia. Se limitaba a tocar mientras las chicas hacían ejercicios en la barra al ritmo del vals.

Entonces caí en la cuenta de que la pared que sostenía la barra estaba recubierta con un larguísimo espejo. «El primero», me dije, y avancé con miedo por el suave tatami para verme mejor. Sin embargo, comprobé con estupor que el espejo sólo reflejaba a las bailarinas y al concentrado pianista. El espejo no devolvía mi imagen.

«Debe de ser un fallo del sueño», me dije aferrándome a la lucidez, y me detuve a contemplar cada una de las chicas, tan concentradas en los ejercicios que no repararon en mi presencia. Iban vestidas con un tutú blanco y el pelo recogido, como en un cuadro de Degas, y arqueaban los brazos graciosamente al ritmo de la música. Más allá del lirismo de la escena, me di cuenta de que cada una de ellas tenía algo especialmente bonito.

La primera que pude ver desde mi posición tenía las facciones muy armónicas, con una piel blanca y suave libre de imperfecciones. Sus labios eran gruesos y sensuales, algo que siempre hubiera deseado para mí, que tengo que usar pintalabios para que resalten. La segunda destacaba por la esbeltez de su cuerpo, alto y espigado, con las piernas bellamente formadas. Yo soy más bien bajita, así que disfruté viendo cómo aquella sílfide contorneaba su atlético cuerpo. La tercera tenía unos bellísimos ojos verde esmeralda que transpiraban inteligencia y placidez.

Me acerqué a esta última para contemplarla mejor. ¿Cómo era posible que no se diera cuenta de que yo estaba ahí? De repente, lo entendí. «Soy invisible», me dije, y sólo pronunciar estas palabras el tatami cedió ante mis pies, y me vi engullida por una masa cálida y oscura que cerró el sueño tras de mí.

SESIÓN DOS

Después de almorzar acudí a mi cita con el profesor, todavía aturdida por aquel sueño lúcido del cual no sabía qué conclusiones extraer. Durante los dos trayectos en autobús, repasé mentalmente las escenas del episodio nocturno y las anoté con cuidado en un pequeño cuaderno.

El caserón de la avenida de los Tilos estaba abierto y sólo tuve que empujar la puerta para entrar. La escalera de caracol ya no me daba miedo. Creo que me sentía incluso divertida, como una niña dentro de un excitante juego.

El profesor Alba me esperaba tras su viejo escritorio. En aquel momento hojeaba una revista femenina. Aquel detalle me habría sorprendido de no tratarse de un excéntrico como él. Tomé asiento sin esperar a que me diera permiso. Se mantuvo inmóvil todavía unos segundos, como si quisiera terminar la lectura de algún artículo. Luego cerró la revista y la dejó a un lado de la mesa.

—Se la ha dejado mi hija este mediodía –dijo a modo de excusa–. Viene cada día a alimentar a este viejo holgazán.

—No sabía que estuviera casado.

—Bueno, en realidad ya no lo estoy. Soy viudo. Pero, ¿a quién le importa eso?

—Lo siento. No soy quién para…

—Dejémonos de formalismos –me interrumpió– y hábleme de su sueño.

Con la ayuda del cuaderno, le describí mi sueño con los máximos detalles, mientras el profesor golpeaba suavemente el escritorio con un lápiz. Cuando llegué a la sala de ballet, no pude evitar preguntarle:

—¿Qué hacía usted ahí?

—Alguien tenía que tocar el piano –bromeó–. Yo lo estaba pasando en grande en una isla caribeña, cuando llegó un tifón y me arrancó de ahí para llevarme al castillo.

—¿De verdad? –pregunté con inocencia.

—Vayamos al grano –dijo, adoptando súbitamente una expresión seria–. ¿Qué le dice el primer espejo?

—La verdad es que nada, puesto que no me reflejaba en él.

—Ahí está la clave.

—¿La clave? Yo no la veo.

—Dice que no se reflejaba en el espejo. Sin embargo, sí que reflejaba a las bailarinas.

—Exacto. El espejo no me veía y ellas tampoco parecían verme, así que me dediqué a observarlas, amparada en la invisibilidad.

—¿No le parece tremendamente significativo?

—Si le soy sincera, no sé dónde quiere ir a parar.

—El sueño revela su tendencia a compararse con los demás, en especial con las otras mujeres.

—Puede ser –admití con cierta vergüenza.

—Al mirar a los otros deja de verse a si misma. Por eso no se reflejó en el espejo. ¿Lo ve más claro ahora?

—Sí, reconozco que tengo algunos problemas con eso. Quizás sea por Andrea, mi hermana mayor. He crecido a la sombra de una mujer absolutamente brillante. Ella es todo lo que yo hubiera deseado ser: inteligente, divertida, exitosa en su carrera, segura de sí misma... muy guapa, además.

—Dado que son hermanas –dijo el profesor–, es lógico que usted comparta estas cualidades.

—No estoy segura. Siempre nos hemos llevado bien y, desde muy pequeña, Andrea me tomó bajo su protección. Se convirtió en mi punto de referencia: ella tuvo novio antes que yo, se graduó con buenas notas, encontró enseguida un buen trabajo... Tengo la impresión de haber corrido mucho tiempo tras ella, intentando ponerme a su altura. Al final, creo que me he quedado bastante rezagada.

Después de esta súbita confesión –inesperada incluso para mí–, el profesor quedó en silencio, como si sopesara mis palabras. Finalmente declaró:

—Esta presunta desigualdad con su hermana le ha provocado un complejo de inferioridad totalmente injustificado. Pone mucho énfasis en sus defectos y, con toda probabilidad, le cuesta mucho reconocer sus virtudes. ¿Me equivoco?

—No se equivoca –dije ruborizada.

—Es de estas personas que van por el mundo pidiendo perdón por existir, por eso el espejo no la reflejaba. Pero esto se acabó: a partir de ahora va a dirigir la mirada a su propia vida. ¿Preparada para el segundo espejo?

SEGUNDO ESPEJO

Un violento traqueteo hizo que me despertara a mitad de la noche. Me incorporé asustada, pensando que un terremoto había sacudido todo el edificio. Pero al poner el pie en el suelo, me di cuenta de que no estaba en mi casa, sino en una habitación abovedada con un amplio ventanal presidido por la luna.

«Ya estoy en el castillo» me dije, y supe que había despertado dentro de un sueño lúcido. Ahora debía esforzarme por mantener la conciencia hasta que diera con el espejo.

Me calcé unas zapatillas que descansaban bajo el camastro y, acto seguido, empecé a andar con decisión, como si las zapatillas tuvieran voluntad propia. Me dejé llevar escaleras abajo y luego por varias estancias exactamente iguales: de planta cuadrada y desprovistas de muebles.

Yo estaba alerta por si aparecía el segundo espejo, pero los pies se detuvieron en una sala un poco diferente a las demás, porque disponía de una chimenea en la que ardían unos cuantos leños.

De manera instintiva, acerqué las manos al fuego para calentarme, pero por más que me aproximaba no experimentaba calor alguno. Como sabía que estaba soñando y no podía sufrir ningún daño, puse la mano sobre la llama y no sucedió nada. Aquél era un fuego falso: sencillamente no quemaba.

«No produce calor, pero sí da luz», me dije, y entonces caí en la cuenta: el fuego estaba ahí para iluminar algo que había dentro de la chimenea. Sin duda, el espejo.

Excitada, metí la cabeza en el fuego para mirar en el conducto de la chimenea. Un extraño destello me deslumbró, pero antes de que pudiera preguntarme qué había visto, una fuerza irresistible me succionó chimenea arriba como un potente aspirador. El conducto se ensanchaba a medida que yo caía, con la gravedad invertida, en lo que parecía una nube de destellos. Vi encenderse y apagarse un ojo igual que el mío, cinco rodillas, dos espaldas, una flor compuesta con mechones de mi pelo.

Entonces comprendí que había caído dentro de un caleidoscopio –el segundo espejo–, que me desintegraba y multiplicaba en mil pedazos. Presa del miedo, grité con todas mis fuerzas en la caída ascendente y perdí el conocimiento.

EL CHICO DE LAS BICICLETAS

Me desperté –esta vez de verdad– empapada de sudor. Y no era por el fuego del sueño, que no calentaba, sino por el horror que me había producido la caída en el caleidoscopio.

¿Era la caída en sí lo que me había dado miedo, o ver mi imagen en el juego de espejos?

Mientras pensaba en todo esto, salté de la cama para darme una ducha. El masaje del agua sobre mi cuerpo me fue devolviendo poco a poco al mundo de los despiertos: un lugar tanto o más inquietante que el escenario de mis sueños, pues desde que había perdido el trabajo tenía la sensación de ir a la deriva.

Mis experiencias con la lucidez nocturna –la última bien poco agradable– y las visitas al profesor Alba eran lo único que daba sentido a mis días. No me veía con fuerzas para buscar trabajo: mandar currículums, pasar por entrevistas y todo eso. Por otro lado, me sentía tan desorientada que no hubiera sabido qué empleo buscar. Un sentimiento de inutilidad se había apoderado de mí, y aún me sorprendía de que pudiera levantarme cada mañana.

La ducha acabó de disolver los restos de la pesadilla y decidí que aquella mañana desayunaría fuera. A tres manzanas de mi casa estaba mi bar favorito, el Café Samsara, y hacia allí me encaminé.

Mi situación económica era desesperante pero no desesperada, así que me pedí un buen vaso de zumo de naranja, té verde y un panecillo integral con queso. El sol de invierno entraba a raudales por la cristalera del café, y me entretuve contemplando desde mi mesa las personas que se apresuraban hacia el trabajo a aquella hora de la mañana.

«Yo era uno de estos que tienen prisa» me dije, y por primera vez me alegré de no tener que estar ocho horas encerrada en una oficina, atendiendo a las quejas de la gente. Ahora me había llegado a mí el turno de quejarme, pero ¿quién me escucharía?

Un perfil conocido que pasó delante del café interrumpió mis pensamientos. Era un hombre joven, como mucho un par de años mayor que yo, que vestía un abrigo largo y llevaba el pelo castaño recogido en una cola. Tras unos segundos, logré dar con su identidad en mi casillero mental.

Lo había conocido dos años atrás, justo después de divorciarme. Una conocida me había pedido que la acompañara a un taller de bicicletas cerca del puerto. Quería darle una sorpresa a su hijo el día de su cumpleaños, y alguien le había dicho que allí encontraría ofertas interesantes.

El dueño del taller me gustó de inmediato. Mientras nos atendía vi que era un hombre tímido –asustadizo incluso– totalmente encantador. Acostumbrada a las groserías de Leo, mi exmarido, aquel chico de voz suave y manos fuertes me atraía poderosamente. Tal vez fue por eso que no fui capaz de decir una sola palabra en la tienda, donde mi amiga no encontró lo que buscaba.

Recuerdo que cuando nos acompañó hasta la puerta me quedé pasmada delante de él, sin moverme. Él me miró algo extrañado, como si se preguntara: «¿qué quiere esta loca?».

Sin duda era el mismo hombre que acababa de pasar delante del Samsara: el chico de las bicicletas.

La voz agria del camarero me sacó de mi ensoñación.

—¿Desea algo más?

SESIÓN TRES

—No acabo de encontrar sentido al caleidoscopio –confesé.

—Los caleidoscopios son el arte abstracto de los espejos –dijo el profesor Alba–, sólo que más bonito que lo que hacen muchos pintores.

—Siempre que no estés dentro.

—Bueno –sonrió–, reconozco que vivir en un caleidoscopio podría resultar algo inquietante. Pero volvamos al sueño, ¿qué es lo que tanto la aterrorizó? Dado que sabía que estaba soñando, no pudo pensar que se haría daño en la caída.

—No era eso. Creo que lo que me angustió fue verme desintegrada y multiplicada por todas partes.

—Ajá... ésa es la cuestión que nos interesa.

—¿Por qué?

—Este espejo tan particular le estaba transmitiendo un mensaje muy claro: hasta ahora ha llevado una vida fragmentada, excesivamente compartimentada.

—No acabo de entender a qué se refiere.

En este punto, el profesor se dio la vuelta y me señaló un gran cuadro compuesto por fotografías en blanco y negro de montañas, con el mismo alpinista en la cima de todas ellas.

—¿Qué es eso? –me preguntó con una sonrisa desafiante.

—¿Un caleidoscopio de montañas?

—Por favor, Irene... ¿No ve que son catorce montañas diferentes?

—¿Y qué tiene eso de especial?

—Son los catorce picos de más de ocho mil metros. En otra época me gustaba el alpinismo.

—¿Es usted el de las fotografías?

—Me encanta su ingenuidad –rio el profesor–. O ¿me está tomando el pelo a propósito?

—No tengo por qué saber… –dije ofendida.

—Discúlpeme, Irene. Sólo quería descargar un poco el ambiente. La seriedad mata a más gente que los accidentes de coche. Respondiendo a su pregunta: el de las fotografías no es otro que Reinhold Messner. Lo llamaban «el rey de los ochomiles» porque fue la primera persona en coronar los catorce techos del mundo.

«¿Y eso qué demonios tiene que ver con lo que estamos hablando?», estuve a punto de decir, pero el profesor Alba había advertido mi impaciencia y recondujo la conversación.

—Luego nos ocuparemos de Messner. Ahora quiero que responda con sinceridad a mis preguntas: cuando acudía de ocho a seis a la oficina, ¿se concentraba en su tarea o pensaba en otras cosas?

—Últimamente me costaba concentrarme más de cinco minutos seguidos. Me distraía pensando en otras cosas.

—¿Y a qué se debía esa dispersión?

—Por un lado, no me gustaba el trabajo. Pero tal vez el motivo principal era que no lograba descansar bien por la noche.

—¿Puede decirme por qué no dormía bien?

—Había mil motivos. Digamos que me sentía sola y a veces tenía miedo. Pero, sobre todo, me angustiaba la perspectiva de volver a la oficina al día siguiente.

—Interesante –intervino el profesor martilleando la mesa con los dedos–. En la oficina no podía trabajar porque pensaba en el descanso que no había tenido, y en la cama no lograba dormir porque pensaba en lo que le esperaba en la oficina.

—La verdad es que dicho así suena algo raro –sonreí.

—¿No hubiera sido más fácil pensar en el trabajo en la oficina, y en el descanso en la cama?

—Pues sí.

—¡He aquí el sentido del caleidoscopio! El segundo espejo le dice que ha sido una persona dispersa hasta ahora, con la mente siempre en varias cosas a la vez. Y ya se sabe que quien quiere ocuparse de todo acaba no ocupándose de nada. Analice los fracasos de su vida y se dará cuenta de que tienen su origen en la dispersión. Concentrar los esfuerzos en una sola cosa, ése es el secreto del éxito. Una cosa a la vez y ni una más.

—Seguiré su consejo, pero, dígame profesor, ¿qué tiene que ver ese alpinista con todo esto?

—Cuando un periodista preguntó a Reinhold Messner cómo había logrado coronar los catorce ochomiles, él respondió: «Muy sencillo, siempre he hecho una sola actividad al mismo tiempo, con todas mis fuerzas y todo mi tiempo. El mío es un compromiso total».

LA VISITA

El miércoles por la tarde hice algo impensable en mí. Al volver de la avenida de los Tilos, no bajé del autobús en la parada donde debía hacer el transbordo. Sencillamente, decidí seguir ocupando mi asiento junto a la ventana y ver dónde me llevaba.

Cuando el autobús se detuvo en la última parada, justo en el puerto, lo entendí todo de repente. Mi inconsciente, la parte sumergida del iceberg, había decidido que hiciera una visita al chico de las bicicletas. Y ¿quién era yo para oponerme a un iceberg?

Venciendo mi cobardía natural, me encaminé al callejón donde recordaba que estaba el taller. No sabía qué haría o diría cuando llegara allí. Siguiendo la filosofía de Messner, sólo debía ocuparme de encontrar la tienda de bicicletas. Una sola cosa a la vez. Y la verdad es que aquello me divertía.

El taller estaba en su lugar, con las puertas abiertas. Y, al parecer, el destino me quería poner las cosas fáciles, porque prácticamente me tropecé con mi hombre. Lo encontré apostado en la calle con un tazón de café en la mano. Para disimular mis nervios, fingí mirar con interés una carísima bici de montaña que se exponía en el escaparate. Lo que oí a continuación me dejó sin aliento:

—¿Encontró su amiga la bicicleta que buscaba?

—¿Nos conocemos? –dije a la defensiva.

—Entró preguntando por un modelo de aluminio para un niño de seis años. Usted la acompañaba.

—Tiene razón –respondí sofocada–. Hace tiempo de eso… y la verdad es que nunca se lo pregunté.

—Era sólo por curiosidad –respondió él, algo azorado, y abrió la puerta batiéndose en retirada.

—A mí sí que me convendría una bicicleta –afirmé sin pensar en lo que decía–, pero estos precios se salen de mi presupuesto.

—Le recomiendo entonces que se pase por aquí este viernes. Me llegará una remesa de bicis de segunda mano. Todas en regla, por supuesto.

—No digo que no…

—Hasta el sábado, entonces –se despidió, y se metió en el taller como una comadreja en su madriguera.

Seguía igual de tímido. Igual de encantador.

TERCER ESPEJO

Me hallaba de nuevo dentro del castillo, pero en un ala que no había visitado las noches anteriores. Ya no necesitaba encontrar fallos que me revelaran que estaba en un sueño. El solo hecho de estar en el castillo hacía que me dijera «estoy soñando» y, acto seguido, ponía mis cinco sentidos en mantener la lucidez para hallar el siguiente espejo.

Recorrí un larguísimo pasillo con cuadros en las paredes. El corredor parecía no tener fin ni llevar a ninguna parte. Yo miraba a uno y otro lado por si descubría algún espejo, pero sólo había retratos de damas enjoyadas y nobles de expresión austera. Estaba perdiendo la paciencia, cuando una gruesa voz dijo:

—Es tan fácil que no lo ves.

—¿Cómo? –pregunté asustada, buscando con la mirada al dueño de la voz –¿Quién habla?

De repente me di cuenta de que uno de los retratos, un hombre con rulos a lo Luis XV, había cambiado su posición en el cuadro.

—¿Me has hablado tú? –pregunté asombrada.

—Mira bien –dijo–, ya estás en él.

Bajé los ojos y me di cuenta de que había estado caminando encima del espejo. Todo el suelo del pasillo era un largo espejo, pero no reflejaba el techo, sino un inmenso precipicio que me hizo tambalear del vértigo.

Súbitamente advertí que el pasillo con los cuadros había desaparecido y sólo quedaba el precipicio. Como si hubiera traspasado el espejo sin querer y estuviera en el otro lado. Y, lo que era peor, me hallaba sobre una cuerda tendida sobre el abismo. Ésta ascendía hasta un altísimo pico azu-

lado, donde debía estar sujeta. Eso era sólo una suposición, pues una amplia nube bajo el pico interrumpía la visión de la cuerda.

De alguna manera entendí que sólo estaría a salvo si lograba llegar a aquella cima, así que empecé a caminar cuidadosamente sobre la cuerda, procurando no mirar abajo. «No tengas miedo, esto es un sueño», me dije mientras mantenía el equilibrio con los brazos.

El aire era frío y cortante, y me costaba respirar por la falta de oxígeno. Aun así, supe que debía llegar allí y me esforcé en seguir ascendiendo por la cuerda, a riesgo de perder el equilibrio y caer al abismo.

Me hallaba ya un poco más cerca de mi objetivo, cuando descubrí otra cuerda que atravesaba el precipicio transversalmente, cruzándose con la mía. Y lo más asombroso era que un hombre avanzaba con esfuerzo por ella. A diferencia de mí, que andaba en pijama, el hombre iba equipado como un alpinista profesional. Cuando llegó al punto en que se cruzaban nuestros caminos, lo reconocí: era Reinhold Messner, el rey de los ochomiles.

Me saludó con la mano y sonrió afable, como si encontrarse en una cuerda de funambulista suspendida en las alturas fuera lo más normal del mundo.

—Aproveche ahora para subir –me dijo el alpinista señalando la cumbre–, el tiempo se está poniendo feo.

—¿Usted no sube? –le pregunté.

—Estoy demasiado cansado –repuso–. Además, esa cuerda sólo puede sostener el peso de una persona. Otra vez será.

Dicho esto, volvió a levantar la mano a modo de despedida y retomó su propio camino. Antes de que se alejara definitivamente, se me ocurrió gritar:

—¿Cómo se llama esa cima?

—Mount Irene –dijo, y siguió avanzando poco a poco hasta desaparecer de mi vista.

Intrigada, continué el camino ascendente hasta aquella montaña que se llamaba como yo. Al llegar a la nube, perdí la cumbre –y el resto de la cuerda– de vista, y tuve que entrar a ciegas en lo que me pareció una masa cálida y esponjosa, como un suave algodón. Entonces me invadió un sueño infinito y me desvanecí.

SESIÓN CUATRO

Después de contarle mi tercer sueño lúcido con todo lujo de detalles, el profesor Alba se quedó unos segundos en silencio, como atando cabos –nunca mejor dicho– entre unos acontecimientos y otros. Finalmente me preguntó:

—¿Y dice que el caballero de una pintura le indicó que estaba pisando el espejo?

—Bueno, dijo: «Es tan fácil que no lo ves». Era un tipo con peluca, una especie de Luis XV.

—Más bien sería Luis XIV –argumentó el profesor–. En 1682 el Rey Sol inauguró en Versalles una fabulosa sala de espejos que causó sensación en todo el mundo. Era un apasionado del tema.

—¿Y qué se le ha perdido a Luis XIV en mi sueño? Yo ni siquiera lo conocía…

—Tampoco es tan raro –rio–. A la gente le gusta aparecer en los sueños de los demás. Es lo único que te queda cuando te apartan de este mundo. Pero volvamos al asunto –dijo cambiando súbitamente de tono–. ¿Qué le ha enseñado esta nueva aventura?

—He estado pensando… –dudé– y creo que las cuerdas tienen aquí un papel muy significativo.

—¿Qué le hace pensar eso?

—Me sorprendió que cada persona tuviera su propia cuerda, y que no pudiera sostener a más de uno. Supongo que significa que cada cual tiene su propio camino, y nadie puede hacerlo por ti.

—Y supone bien. Veo que ha adelantado mucho.

—Por lo tanto –seguí–, cada uno es responsable de sus actos y no puede depender de nadie. Si algo sale mal, no hay que echar las culpas a los demás.

—¡Bravo! –exclamó el profesor–. ¿Qué más?

—No se me ocurre nada más. Eso es todo lo que he pensado.

—Olvida un detalle tanto o más importante que la cuerda: el nombre de la cima.

—Mount Irene... –repuse recuperando la brumosa cumbre del sueño.

—¿Por qué cree que la montaña lleva su nombre?

—Tal vez quiera decir que debo peregrinar hacia mí misma.

El profesor se restregó los ojos por debajo de las gafas antes de responder:

—Es una interpretación posible, pero no la única.

—¿Qué le dice a usted esa cima? –repuse impaciente.

—La montaña se llamaba como usted, y para llegar hasta arriba tenía que atravesar una cuerda floja. Eso es muy interesante.

—¿Por qué?

—¿Le daba miedo andar por la cuerda?

—¡Claro que me daba miedo! Debajo había un precipicio de mil demonios.

—Sin embargo, como estaba en un sueño –continuó el profesor–, si hubiera saltado no habría pasado nada.

—Pero yo no quería saltar. Además, algo me decía que tenía que llegar a la cumbre.

—En este sueño hay una lección que extraer, pero también un mensaje muy esperanzador –concluyó.

—Explíquese, profesor.

—Por un lado, revela que tiene miedo a volar, a hacer cosas importantes. Por eso temía caerse: le atemorizan sus propios sueños. Por otro lado, se has mantenido sobre la cuerda y no ha dejado de avanzar. Eso significa que por muy difícil que sea lo que quiere lograr, ha decidido llegar hasta el final.

LAS CARLOTAS

El jueves por la tarde acepté la invitación de dos excompañeras de trabajo, que además del nombre compartían vida sentimental. Aunque no me apetecía demasiado, agradecí que se hubieran acordado de mí, en un momento en el que la oficina y sus miserias empezaban a quedar lejos de mi centro de gravedad.

Dado que las Carlotas eran conocidas por su capacidad para captar chismes y propagarlos a toda velocidad, acudí a la merienda dispuesta a someterme a un interrogatorio en toda regla.

A menudo he observado que cuando piensas mal de alguien, éste te sorprende con un detalle generoso hacia ti. Y eso mismo me sucedió con las Carlotas: apenas hicieron alusión a mi despido y pasé un par de horas geniales riendo con sus ocurrencias. Parecía que hubieran hecho acopio de anécdotas divertidas para hacerme reír. Y la verdad es que lo consiguieron.

Al final de la velada, una de ellas me comentó:

—Por cierto, se confirma que tienes un admirador entre tus excolegas.

—¿Ah sí? ¿Quién?

—Adrián, el contable. El martes trató de reunir firmas para pedir tu readmisión en la empresa.

—¿De veras? –pregunté sorprendida.

—Tal como lo oyes. Nosotras firmamos, por supuesto, pero la cosa quedó paralizada en el departamento comercial y el documento no llegó a Beatriz. Una lástima.

—Me asombra. No recuerdo haber hablado nunca con ese Adrián.

—Para mí que está loquito por ti.

—Pero... ¿ése no es el que está casado, y tiene cinco hijos? –pregunté.

—Bueno, no se puede tener todo.

INCÓGNITAS

Mientras llenaba la bañera, estuve cavilando sobre la conversación con las Carlotas.

Había descartado absolutamente que el contable fuera mi secreto perseguidor, como a ellas les hubiera gustado creer. Más bien me inclinaba a pensar que era un buen hombre que se preocupaba por mi situación. Es posible que sólo hubiera querido solidarizarse con un compañero de trabajo.

Pero no era eso lo que me inquietaba, sino la posibilidad de que existiera una conexión entre Adrián y la nota que había encontrado bajo mi puerta. ¿Sería él su autor? Me costaba relacionar a ese convencional padre de familia con el profesor Alba.

Las Carlotas eran mejores candidatas para una acción de ese tipo. De ellas podía esperarse cualquier cosa, y eso justificaría que apenas me hubieran preguntado por lo que estaba haciendo. En todo caso, quien se hubiera agachado ante mi puerta me había hecho un gran favor.

Eché unas gotas de aceite aromático en el agua humeante y me sumergí en la bañera. Una sensación de bienestar absoluto se apoderó de mi cuerpo. Cerré los ojos y incliné la cabeza mientras los miembros se destensaban y algo parecido a la calma se instalaba en mi cabeza.

«Mañana lo veré», me dije mientras imaginaba al chico de las bicicletas al pie de la bañera. Y me sentí excitada, como una adolescente que fantasea con un amor platónico. La diferencia era que yo tenía ya cuarenta años, y no sabía nada de ese hombre. Podía estar casado, o, como mínimo, tener pareja. Que se hubiera acordado de mí no quería decir nada. ¿O sí?

«En fin –me dije–, soñar es gratis».

CUARTO ESPEJO

Me despertó un aplauso largo y vigoroso. Yo estaba sentada en una de las primeras filas de platea en lo que parecía un gran teatro. Escuché que a mis espaldas alguien decía: «El tenor ha estado soberbio», y supuse que acababa de terminar el primer acto de una ópera, ya que algunos espectadores permanecían en sus butacas.

«¿Formará este teatro parte del castillo?», me pregunté mientras me levantaba para explorar el lugar. Decidí seguir a un grupo de hombres con frac y sombrero de copa, que habían desenfundado enormes puros. Se dirigían, sin duda, a algún lugar donde poder fumar y tomar un trago, seguidos a cierta distancia por un grupo de mujeres emperifolladas que charlaban animadamente.

Entonces recordé que la única vez que había estado en la ópera, en el entreacto, los espectadores fueron a... ¡la sala de los espejos!

Con la seguridad de estar tras la pista correcta, marché con el distinguido grupo escaleras arriba. Los peldaños enmoquetados se deformaban bajo mis pasos como si fueran de goma, lo cual me confirmó que estaba soñando.

Tal como había supuesto, el bullicioso grupo desembocó en un amplísimo salón iluminado por lámparas de araña, con enormes espejos enmarcados en oro. «La sala de los espejos» me dije, y supe que de alguna manera aquello estaba allí porque yo lo había deseado, como si el sueño lúcido hubiera querido complacerme.

Deslumbrada por la elegancia de las personas que llenaban el salón, por el que pasaban constantemente camareros con bebidas y tentempiés, había olvidado mirarme en el espejo. Antes de que aquella lujosa escena se desvaneciera, me acerqué a uno de los más grandes, sorteando un corrillo de hombres que fumaban y alababan la calidad de la orquesta.

Cuando me vi reflejada en el cristal, me quedé helada: ¡estaba completamente desnuda! Dirigí la mirada a mi cuerpo y, al ver mi piel blanca al descubierto, me entró un escalofrío, mezcla de vergüenza y desprotección. Horrorizada de estar entre aquella multitud en cueros, empecé a esquivar a la gente para huir de la sala, pero nadie parecía reparar en mi estado.

Tuve que detenerme ante una barrera humana que bloqueaba la salida, lo que fue aprovechado por un diligente camarero para servirme una copa de champán sin inmutarse. Justo entonces alguien empujó al camarero y el champán acabó aterrizando sobre mis pechos desnudos. Las frías burbujas erizaron mi piel, provocándome una inesperada excitación. Pero antes de que el camarero pudiera disculparse, un timbre ensordecedor anunció que empezaba el segundo acto. Un nuevo timbrazo pareció congelar la escena, a la vez que la luz se extinguía como a causa de un apagón.

SESIÓN CINCO

Siempre me ha gustado escuchar el rumor de la lluvia. Desde aquel caparazón transparente, me dediqué a contemplar cómo el agua regaba los cristales de la galería, mientras el profesor Alba hojeaba un libro. Cuando pareció haber hallado lo que buscaba, dijo:

—He estado repasando su caso y he encontrado algo que puede servirle –y me señaló lo que parecía un manual de economía con el título La meta.

—¿Es un libro de empresa? –pregunté sorprendida.

—En principio sí, pero tiene algo que se aplica perfectamente a su caso: la teoría del «cuello de botella».

—¿Qué es eso?

—El autor viene a decir que cuando una empresa entra en crisis, no sirve de nada luchar en muchos frentes a la vez. Es inútil querer mejorar todos los departamentos sin antes encontrar el «cuello de botella», el lugar donde se bloquea la buena marcha del sistema. Una vez localizado y desobstruido, todo el tinglado funciona por sí solo.

—No veo qué tiene que ver eso conmigo.

—Piense en su segundo sueño lúcido, el caleidoscopio. ¿Recuerda el miedo que le produjo ver su propia dispersión? No me ha hablado de ello, pero estoy seguro de que cuando las cosas empezaron a irle mal, intentó solucionarlo todo a la vez.

—Probablemente.

—Repartió sus fuerzas entre las diferentes batallas y las perdió todas. De haber concentrado los esfuerzos en desatascar el cuello de botella, el resultado habría sido muy distinto.

—Tiene razón, pero ahora ya está hecho. ¿De qué sirve lamentarse de ello?

—Me gusta que diga eso. Sólo quiero asegurarme de que no repetirá el mismo error.

—He aprendido la lección, profesor.

Observé cómo en su rostro se dibujaba una sonrisa de satisfacción, como la de un padre o un maestro ante los progresos de su alumno. Me sentí dichosa de poder darle esa alegría, como si hubiera regresado a la escuela –la escuela de la vida– para aprobar con nota.

—Por cierto –dije recordando algo súbitamente–, ¿le dice algo el nombre de Adrián?

—No más que cualquier otro nombre –respondió sin inquietarse–. Pero, vayamos al grano, ¿qué ha soñado esta vez?

Le conté el episodio de la ópera y la embarazosa situación en la que me había visto en la sala de los espejos. El profesor Alba escuchó con atención mi relato con los dedos entrecruzados. Por último esbozó una sonrisa.

—Creo que no necesita mi ayuda para descifrar este sueño –repuso–. El mensaje me parece evidente.

—Bueno –empecé–, la verdad es que nunca me he sentido muy contenta con mi cuerpo. Reconozco que no estoy mal, pero hubiera deseado ser más atractiva. Tengo un poco de barriga y la esbeltez de mi busto ha conocido tiempos mejores.

—Todo eso es irrelevante.

—Para mí no. Sé que algunos hombres me miran, especialmente en verano cuando tomo el sol en la playa. Pero no me acabo de gustar cuando me veo desnuda en el espejo, y me refiero a los espejos de verdad.

—Todos los espejos son verdad y son mentira –dijo el profesor–. De hecho, ¿sabe que los espejos convencionales no nos devuelven nuestra verdadera imagen?

—¿Qué quiere decir?

—Cuando nos miramos en el del baño, por ejemplo, vemos las facciones de nuestro rostro invertidas: el lado izquierdo en el derecho y a la inversa.

—¿Y eso se nota?

—Por supuesto –y, acto seguido, se levantó de su asiento para ir hacia un estante. Volvió con un artilugio que consistía en dos espejos que formaban un ángulo recto.

—Esto es lo que se llama «espejo fiel» –me informó mientras me lo entregaba–. Con el doble espejo se consigue invertir la inversión para que nos veamos tal como somos.

Me miré en él y, ciertamente, no me acabé de reconocer del todo, sin poder decir qué era lo que fallaba. El profesor interrumpió mi contemplación diciendo:

—Pero, insisto, ése no es el sentido primordial del sueño. Su interpretación es válida pero superficial. Hay un nivel más profundo que merece la pena explorar.

—¿Cuál es?

—Más importante que la aceptación del propio cuerpo es que se acepte a usted misma, con todas sus virtudes y defectos. Cuando consiga eso, el físico pasará a un segundo plano.

—Tiene razón. Creo que buena parte del reparo que me causa mostrar mi cuerpo se debe a mi timidez natural.

—¿Y qué es la timidez? –preguntó el profesor recogiendo el testigo–. El pudor a los propios sentimientos, el miedo a «desnudarse» ante los demás. El sueño, por lo tanto, la anima a que se muestres tal como es, y no como los demás quieren que sea. No gustará a todo el mundo, pero vivirá más tranquila.

LA CITA

El viernes por la mañana, mientras me dirigía en autobús hacia la tienda de las bicicletas, me sentí inesperadamente tranquila.

A fin de cuentas, sólo iba a mirar unas cuantas bicicletas de segunda mano. Y la verdad es que de repente me apetecía tener una para moverme por la ciudad. Me sorprendía incluso que no lo hubiera pensado antes.

Al llegar al establecimiento, el chico estaba justo en la misma posición que lo había encontrado dos días atrás: ligeramente apoyado contra el escaparate, con un tazón de café en la mano. Era como si no se hubiera movido de ahí desde entonces. Al verme, esbozó una sonrisa:

—Ya ha llegado –dijo con voz adormecida.

—Pues sí, he venido para…

—Me refiero a la bicicleta que necesita –me interrumpió–. Acaba de llegar una que parece pensada para usted.

—¿De verdad?

Dio un último sorbo al café y me indicó con un suave gesto que pasara al interior. El local tenía dos partes diferenciadas: la tienda propiamente dicha y un espacio posterior donde estaba el taller de reparaciones. Le acompañé hasta allí, donde se amontonaban al menos veinte bicicletas en distintos estados de conservación.

Entre toda aquella chatarra, destacaba una bicicleta bastante alta con el manillar recto y el cuadro color violeta. Se notaba que la acababa de limpiar a fondo, porque relucía como si fuera nueva.

—¿Es ésta?

—Correcto –sonrió–. Es un modelo holandés muy práctico: para frenar basta con invertir el pedaleo.

—Es preciosa –admití–, pero no sé si me la podré permitir.

—¡Oh! No se preocupe. Se trata una verdadera ganga. Es más, puede pagármela a plazos si está en apuros.

—Mi situación no es tan desesperada –reí mientras miraba la etiqueta con el precio–. Creo que me la llevaré ahora.

—Tendrá que esperar a mañana, me temo. Tengo que ponerle neumáticos nuevos: los que lleva parecen un queso gruyer apedazado.

—No se preocupe… Puedo esperar.

—¿Tiene algo que hacer mañana al mediodía? –preguntó repentinamente–. Puede venir a recogerla y la probamos en un parque que hay cerca de aquí.

—Me parece una buena idea –dije admirada de que todo fuera tan rodado, nunca mejor dicho–. Pero, por favor, no me hable más de usted.

—Como quieras. Por cierto, me llamo Gabriel –y me tendió la mano a modo de despedida–. ¿Y tú?

—Irene.

EL DIAGNÓSTICO

Aquella tarde recurrí a todo lo que tenía a mi alcance para intentar calmarme. Antes de hacer los ejercicios de visualización del castillo, hice sonar el «Arabesco», prendí incienso y me preparé una taza de hierbas. Sin embargo, no lograba aplacar el gusanillo de inquietud que se abría camino en mi estómago.

Pese a que todo parecía ir francamente bien, me atemorizaba que la cita con Gabriel –ahora podía llamarle por su nombre– acabara siendo un fracaso, como otras que había tenido tras mi divorcio. Me tranquilizaba que, en este caso, él había propuesto el encuentro de un modo muy natural, demasiado incluso.

¿Significaba eso que yo no le interesaba? Tal vez sólo intentaba ser amable con un cliente.

Sólo podía sacarme de dudas una persona, mejor dicho, dos: las Carlotas. Ellas eran verdaderas especialistas en asuntos del corazón, y aunque no tuvieran trato íntimo con hombres, se jactaban de poder determinar a qué especie pertenecía un individuo a la primera.

Marqué el número y, después de dos llamadas, una de las Carlotas respondió con su habitual entusiasmo. Le expliqué lo de la cita del sábado y la puse en antecedentes, repitiendo frase por frase las pequeñas conversaciones que había tenido con Gabriel. En un segundo plano podía oír a la otra Carlota preguntando, analizando, sugiriendo. Con ellas siempre ocurría lo mismo: era como hablar con dos personas a la vez.

Al final, la segunda Carlota arrancó el teléfono a la primera y me hizo saber su diagnóstico:

—Resumiendo, dices que ese hombre es atractivo, juvenil, sensible, discreto… Entonces no cabe duda: tiene que ser gay.

QUINTO ESPEJO

Era un lugar cerrado y húmedo, probablemente los sótanos de un gran edificio. Aunque no parecía haber ninguna fuente de luz, yo lo veía todo tenuemente iluminado, como si tuviese visión nocturna. «Estoy de nuevo en el castillo» me dije, y me dispuse a ir en busca del siguiente espejo.

Después de atravesar una primera sala vacía, llegué a una gigantesca nave llena de cachivaches incomprensibles, ninguno de los cuales parecía ser un espejo. Al fondo advertí la presencia de un hombre con extraños artilugios pegados a su cuerpo. Fui a su encuentro y me saludó brevemente, mientras se ajustaba con un destornillador una placa que le cubría los ojos. Tenía diversos cristales sostenidos por brazos metálicos bajo la barbilla y sobre el cráneo, razón por la que no pude ver bien su cara.

—¿Puedo ayudarla en algo? –dijo cortésmente.

—Voy en busca de un espejo.

—Yo tengo muchos, aunque no creo que le sirvan. Son de uso experimental. Pero puedo indicarle dónde buscar.

Dicho esto, me entregó un mechero muy antiguo y me señaló la boca de un túnel que nacía al final de la nave. Acto seguido, se alejó haciendo rechinar los metales que tenía adheridos a su cuerpo.

Sin llegar a extrañarme por aquella aparición, me guardé el mechero y me interné en el túnel, que descendía y se curvaba como el camino de un gusano.

A medida que avanzaba, el túnel se volvía más estrecho y oscuro, hasta el punto de que tuve que seguir a rastras en medio de una oscuridad total.

Ya estaba decidida a dar media vuelta, cuando toqué con las manos lo que parecían unos barrotes de metal.

«Debe de ser aquí», me dije, y rasqué el mechero para ver dónde me encontraba. La llama iluminó la enorme cabeza de un león al otro lado de los barrotes, que me saludó con un potente rugido.

Creo que me desmayé del susto.

SESIÓN SEIS

La cita con el profesor Alba había quedado fijada para el sábado por la mañana, porque –según me confesó– pasaba las tardes del fin de semana con su hija, una mujer de cuarenta y tantos a quien le gustaba jugar al ajedrez con su padre. Al parecer era un ritual que se había establecido entre ambos desde la infancia.

El sol brillaba con fuerza después de varios días nublados, así que hice parte del camino a pie, repasando mentalmente las escenas del último sueño.

Me encontré al profesor agachado en su asilvestrado jardín. Llevaba un sombrero de paja, y en aquel momento arrancaba unos hierbajos que crecían cerca de un muro de la casa. Al verme cruzar la puerta, detuvo su actividad y se secó el sudor antes de decir:

—¿Le gustan las plantas medicinales?

—La verdad es que no conozco muchas.

—Déjelo en mis manos –dijo poniendo un par de puñados en una bolsa de papel–, ésta le irá bien: puede tomar una infusión cada noche antes de acostarse. Es el empujoncito que le falta.

Agradecí el regalo y ayudé al profesor a recolectar unas cuantas plantas más, mientras le explicaba el sueño del túnel. Cuando hube terminado el relato, me pidió más detalles sobre el curioso hombre que había encontrado en la nave.

—¡No me diga que ha visto a Stratton! –exclamó de repente.

—¿Stratton? ¿Quién es Stratton?

—George Malcolm Stratton fue un psicólogo californiano que llevó al límite la experimentación con espejos. A finales del siglo XIX inventó unas gafas que permitían ver el mundo patas arriba y las llevó puestas durante once días. Al principio chocaba constantemente con cosas y sentía náuseas, pero luego se acostumbró. Eso sí, estuvo a punto de morir abrasado en su casa, porque le pasó por alto que un leño encendido se había salido de la chimenea.

—¿Está seguro de que era él? Yo nunca había oído hablar de este hombre.

—No importa, en los sueños uno puede recibir visitas de gente que no conoce, como en la vida real. En todo caso, aunque no fuera Stratton, es divertido creerlo.

—El hombre de los espejos.

—Sí, podemos llamarle así. En una segunda fase inventó un artilugio más complicado todavía, como el que vio en su sueño. Gracias a un juego de espejos fijados en diferentes partes de su cuerpo, consiguió verse durante tres días desde arriba.

—¿Y todo esto para qué?

—Quería experimentar la sensación de contemplarse fuera de su cuerpo, como si fuera un pájaro. El único problema fue que este cambio de perspectiva le impedía controlar bien los movimientos de los pies y las manos. De hecho, se abrió la crisma varias veces durante el experimento.

—Interesante, pero no logro dar con el mensaje.

—Creo que en este caso Stratton no era el mensaje, sino más bien el mensajero. Este espejo andante estaba allí para señalarle el túnel.

—Me parece que he hecho un descubrimiento importante en el túnel –dije con cierto orgullo–. Sé quién es esa fiera.

—¿De verdad? –dijo el profesor mientras se mantenía de cuclillas.

—Representa a Leo, mi exmarido. La asociación era fácil en este caso.

—Excelente. No le quepa duda de que era él. Y no es la primera vez que oigo esta asociación. Pero, dígame, ¿qué enseñanza ha extraído de este episodio?

—Supongo que es un aviso para que no vuelva a elegir a un hombre agresivo.

—Sin duda es así, pero profundicemos un poco más en esta historia. Creo que el túnel es especialmente didáctico. Vamos a revisar el camino que la condujo al león. ¿Dónde se hallabas antes de entrar en el túnel?

—Ya se lo he dicho: en una enorme nave, con el hombre de los espejos.

—El espacio suele encarnar la libertad –explicó–. Esa gran nave representa aquello que usted era antes de casarse: tenía todo un mundo en el que moverse y evolucionar. Pero le daba miedo esa libertad excesiva y decidió entrar en el túnel, ponerse en brazos del primer hombre que llegó.

—Eso es exagerado –protesté–, pero hay algo de verdad en eso.

—¿Cómo era el túnel del sueño?

—Al principio me permitía caminar con relativa comodidad, pero se fue estrechando hasta que tuve que agacharme. El último tramo tuve que hacerlo a rastras.

—¿Hace falta que interprete eso? –dijo el profesor elevando la voz.

—No es necesario, gracias –respondí sofocada.

—Pero lo importante aquí no es cómo era su exmarido, sino por qué eligió un carácter autoritario.

—Supongo que me impresionaba su seguridad.

—Y, sin embargo, lo que hizo fue minar más aún su autoestima. En la leonera sólo había sitio para un león.

—Puede decirse así.

—Voy a decirle algo –declaró con expresión seria–, el complejo de inferioridad del que hablamos en las primeras sesiones la llevó a buscar a un hombre que se aprovechara de usted. Cuando nos sentimos en desventaja, nos vemos obligados a ofrecer siempre algo. Esta diligencia por su parte hizo fracasar su matrimonio.

—¿Quiere decir que hubiera funcionado mejor si yo le hubiera tratado mal?

—No estoy diciendo eso. Me refiero a que los hombres, al igual que usted, también quieren dar algo a veces. Si se les niega ese privilegio, pierde valor ante sus ojos. Creo que está acostumbrada a dar, pero le falta aprender a recibir.

—Es posible.

—En todo caso, no hay que darle más vueltas al asunto. Este sueño ha sido un repaso a su pasado sentimental. Una vez comprendemos nuestros actos, los recuerdos dejan de tener utilidad: no hacen más que ocupar espacio. De modo que limítese a hacer bien las cosas a partir de ahora… y vaya con la cabeza bien alta. El atractivo depende en buena parte de eso.

EN LA BARCAZA

Acabada la sesión, volví a casa para tomar una ducha caliente antes de salir.

Con la piel todavía humeante, me detuve un momento para contemplarme delante del espejo. Tal vez fuera que aquel sábado me sentía ligeramente eufórica, pero la verdad es que me di cuenta de que todavía era hermosa. Examiné mi cuerpo como si lo viera por primera vez y me apliqué crema hidratante.

Empezaba a hacerse tarde, así que me enfundé unos tejanos y un jersey viejo para salir pitando. Había tomado una firme decisión: no iba a preocuparme. Quería divertirme, sentirme bien por mí misma sin analizar nada ni pensar qué pasaría a continuación.

El desarrollo de los hechos demostró que aquella era la actitud correcta. No le di especial importancia a la cita y acudí relajada.

Hacía tiempo que no me divertía tanto. Gabriel me acompañó con su bicicleta y estuvimos dando vueltas por el parque, persiguiéndonos y adelantándonos mutuamente como niños. Al cabo de una hora estaba del todo agotada, pero muerta de la risa. Fue entonces cuando él dijo:

—¿Puedo invitarte a comer? En casa tengo ensalada y unas cuantas setas.

Acepté la invitación –sin mostrar demasiado mi alegría– y pedaleamos a un ritmo más lento junto a las aguas del puerto. Por fin llegamos a un sector del muelle ocupado por pequeñas embarcaciones. Gabriel se detuvo y me señaló una barcaza de poca altura, como las que se utilizan para el transporte fluvial.

—Es aquí –anunció.

—Pero ¿no has dicho que comeríamos en tu casa?

—Ésta es mi casa –dijo algo cohibido–. No tengo otra.

Y, acto seguido, saltó sobre la barcaza y me tendió la mano para que yo hiciera lo mismo.

El interior de la embarcación era rudimentario, pero bastante confortable. Contaba con dos sofás cama, dos plafones para cocinar y una pequeña ducha. Sin más preámbulos, Gabriel se enzarzó en la composición de una ensalada multicolor con extrema seriedad.

—¿Cómo es que vives en un barco? –le pregunté mientras descansaba las piernas en uno de los sofás.

—Me gusta poderme llevar la casa adonde yo quiera –dijo–. Eso me tranquiliza. Si comprara un piso, probablemente me sentiría obligado a vivir allí. Así, al menos, sé que estoy donde quiero estar.

Vi que en la mesa había una botella de vino abierta y me serví un vaso sin preguntarle.

—¿Y la tienda de bicis? –le pregunté–. No creo que te la puedas llevar con el barco.

—Es de alquiler. El día que me canse, cargo las bicicletas en el barco y me largo. Pero de momento estoy bien, aunque tengo problemas con el personal de la tienda.

—¿Quién es el personal?

—Yo solo, ése es el problema. No puedo atender a los clientes y trabajar en el taller al mismo tiempo. Pero la cosa tampoco da para más.

Comimos la ensalada y la parrillada de setas en relativo silencio. Gabriel resultó ser una persona bastante más seria y reservada de lo que parecía. El pelo largo recogido en una cola y la vestimenta informal me había hecho pensar que era de estos hombres alocados con síndrome de Peter Pan. Pero ahora que lo observaba de cerca, me pareció una persona más bien melancólica. Y, no sé por qué, pensé que alguien así sólo podía vivir en un barco.

Sus silencios me concedían cierta ventaja, ya que comprobé que cualquier comentario mío –sobre la comida o sobre la incoherente decoración del camarote– le provocaba mucha risa.

Cuando llegamos al postre –un yogur natural– y a mi tercer vaso de vino, empecé a preguntarme qué pasaría después. Justo delante de nuestra mesa estaba el otro sofá con la ropa de cama perfectamente puesta. Parecía preparado adrede para que acabáramos allí.

La verdad era que Gabriel me seguía pareciendo atractivo, pero no quería acostarme allí mismo con él, como tal vez esperaba. Además, el vino se me había subido a la cabeza y me encontraba muy cansada por el ejercicio.

Recordé lo que me había dicho el profesor, que mi debilidad me hacía sentir obligada a ofrecer siempre algo. «Eso se acabó», me dije, y me prometí cortar en seco esa exigencia por su parte. Sencillamente iba a decir: «No». Le daría un beso en la mejilla y me marcharía con mi bicicleta.

Pero, para mi sorpresa, Gabriel no hizo ningún ataque. Terminado el almuerzo recogió la mesa y dijo con voz monótona:

—Ahora debo volver a la tienda. Tengo que arreglar al menos un par de bicicletas para ponerlas en venta.

Y ya me tendía el abrigo para que saliera con él, cuando me sorprendí a mí misma diciéndole:

—¿Me dejas hacer una pequeña siesta aquí?

SEXTO ESPEJO

Me hallaba perdida en una ciudad desconocida. Llovía intensamente y yo avanzaba entre turbas de personas que hablaban en un lenguaje incomprensible, como si pronunciaran las palabras al revés. El fragor de la lluvia se fundía con esas voces inquietantes que parecían murmurar al unísono sin interrupción.

Ensordecida, logré abandonar la acera y bajar a la calzada, donde en aquel momento pasaba un taxi de color amarillo cromo. Levanté el brazo para detenerlo. De inmediato me encontré ocupando el asiento de atrás, sin haber siquiera abierto la puerta del vehículo.

«Estoy soñando», me dije.

—¿Adónde quiere ir? –preguntó una voz conocida, y distinguí el perfil miope del profesor Alba, que llevaba una gorra de chófer.

—Ya lo sabe: al castillo.

—Estamos en él.

—Ayúdeme entonces a encontrar el sexto espejo.

No me respondió ni dijo nada más en todo el trayecto.

Habíamos salido de la ciudad y surcábamos un paisaje idílico lleno de campos de flores y patos en pleno vuelo. Aquello era un viaje al paraíso.

De repente observé que el taxi tenía un fallo –muy propio de los sueños lúcidos–. El retrovisor no estaba en la parte delantera del coche, sino a la altura de los asientos de atrás, justo al lado de mi ventanilla. «El sexto espejo», me dije, y, acto seguido, me agaché para ver lo que reflejaba.

Vi que el cristal tenía grabada la siguiente inscripción: «Los objetos en el espejo están más cerca de lo que parecen». Sin embargo, lo más curioso era que el retrovisor no devolvía la imagen de los campos de flores y los patos, sino un desolador complejo industrial envuelto de una espesa bruma negra.

Aturdida por aquella visión, volví a mirar a través del parabrisas: el mismo paisaje idílico. Pero después de lo que había visto, ya no podía disfrutar de él, como si la bruma negruzca me hubiera intoxicado.

Al pasar por un lavabo a pie de carretera, le pedí al chófer que se detuviera.

Salí del taxi totalmente mareada y con ganas de vomitar. Fuera no había prados con patos, pero tampoco industria alguna. En realidad, no había nada de nada, excepto la puerta de aquel lavabo, que abrí con premura.

Al pasar al otro lado, me encontré dentro de un baño de proporciones descomunales: una sala amplia como un campo de fútbol en el centro de la cual destacaba un váter rosa. Corrí hacia él y me senté en la taza, intimidada por el gigantesco espacio que me rodeaba.

Cuando llegó el momento de tirar de la cadena, que estaba suspendida en el aire, ésta no parecía obedecer. Al tercer tirón se oyó un formidable estallido y la sala se inundó de agua oscura y pestilente llena de residuos. Mientras nadaba horrorizada entre la inmundicia, observé que en aquel líquido pastoso flotaban letreros con grandes letras. Antes de ahogarme, pude distinguir lo que decían algunos de ellos: «CORRECTO», «ENGAÑOSO», «BUENO», «PEOR», «AMIGO», «TRAIDOR»…

EL RESTAURANTE CHINO

Me desperté avanzada la tarde. Me sentía aturdida, no se si por aquel sueño repugnante o por mi osadía de haber dormido en el barco de un desconocido.

Notaba un agradable calor sobre mis hombros, y al incorporarme comprobé que Gabriel me había abrigado con una manta de lana mientras dormía. Aquel detalle me enterneció, y enseguida dejé atrás el sabor amargo de aquella pesadilla.

«Es sólo un sueño», me dije, y tras cerrar la puerta de la barcaza salté a tierra, donde había atado mi bicicleta.

Mientras pedaleaba a través de los muelles, con la brisa acariciando mi rostro, experimenté algo parecido a la felicidad. Era libre y me disponía a devolver las llaves a un hombre que me gustaba, pero al que nada me ataba. Creo que fue en ese momento cuando me di cuenta de que había quemado unas cuantas etapas en la ruta hacia la plenitud.

Pensé que lo encontraría con el tazón de café en la puerta de la tienda, pero estaba en el interior, engrasando la cadena de una bicicleta de carreras.

—Deja eso ya –le dije–. Te invito a cenar.

Primero me miró asombrado, como si no se esperara tanta atención por mi parte: habíamos pasado juntos la mañana, el mediodía y la noche. ¿Me estaría pasando?

Finalmente esbozó media sonrisa y respondió:

—De acuerdo, tú invitas, pero pago yo.

Nos encaminamos hacia un restaurante japonés del que me habían hablado mucho, pero estaba lleno a rebosar y no encontramos mesa. Probamos suerte en un segundo local, pero estaba todo reservado.

Riéndonos ya de nuestra mala suerte, fuimos a parar a un restaurante chino prácticamente desierto.

—Ahora nos dirán que está cerrado –dijo Gabriel irónico.

Pero nuestra mala fortuna no podía persistir –eso pensaba yo de manera equivocada–, y una pequeña camarera nos recibió con amabilidad.

Fue una cena tranquila pero muy agradable. Gabriel me contó algo más de su vida: estaba solo en la ciudad, ya que los pocos familiares que tenía vivían en la otra punta del planeta. En una ocasión había estado a punto de casarse, pero la cosa no salió bien. No quiso dar más detalles sobre el asunto.

Sentí que había llegado mi turno de sincerarme, aunque no sabía por dónde empezar. Ante la duda, permanecí un rato en silencio entregada a mis pensamientos, y a Gabriel no pareció incomodarle mi actitud. Siempre he pensado que compartir el silencio es muestra de gran intimidad, y eso hizo que me sintiera todavía más dichosa.

Por desgracia, aquella placidez se rompió de repente cuando se me ocurrió dirigir la vista a la mesa de mi izquierda, en la que acababan de sentarse tres hombres: mi exmarido y dos amigos que yo no conocía.

«Tierra trágame», pensé, porque adiviné que se iba a producir una escena, sin que Gabriel supiera nada sobre mi matrimonio y mi posterior divorcio.

El segundo plato y el postre se me atragantaron de pura tensión. Leo había advertido mi presencia, pero no mostraba aún la intención de acercarse. Se limitaba a lanzarme miradas severas, que les pasaron inadvertidas a sus compañeros de mesa.

Por su parte, Gabriel tampoco entendía por qué, de repente, yo había empezado a hablar de forma nerviosa e irreflexiva. Pedí la cuenta con un nudo en la garganta, y justo entonces, Leo se levantó de su mesa y se dirigió a la nuestra con paso tranquilo.

—Veo que no pierdes el tiempo –dijo socarronamente, y, acto seguido, volvió con los suyos, que habían pedido una botella de licor y brindaban de un modo escandaloso.

Muerta de vergüenza, me levanté de la mesa y me despedí de Gabriel. Quería irme a casa. No, no era necesario que me acompañara.

Llegué a mi apartamento profundamente deprimida. Traté de hacer algo para olvidar el bochorno que había pasado en el restaurante, pero no lograba concentrarme en nada. La música me alteraba, el incienso me dificultaba la respiración, incluso la infusión que me había recomendado el profesor tenía un sabor horrible.

Por último me tumbé en la cama y rompí a llorar.

SESIÓN SIETE

—¿Y dice que el sábado no consiguió dormir? –preguntó el profesor Alba.

Era lunes al mediodía, y habíamos reprendido las sesiones después de una jornada de pausa.

—No, por primera vez en mucho tiempo volví a pasar la noche en vela. El domingo logré dormir algo, pero no recuerdo haber soñado nada.

—Pero, ¿había tomado la hierba de san Juan?

—La probé, pero tenía mal sabor y no me acabé la infusión.

—Pues mal hecho –me riñó cariñosamente–. No le dije que la tomara para regalarse el paladar, sino porque le sentaría bien. Es un antidepresivo natural.

—¿Tan mal me ve?

—Al contrario, la veo muy bien. Por eso estoy convencido de que la hierba de san Juan va a darle el empujón definitivo. Pero deberá tener paciencia, los efectos se notan a partir de la cuarta semana.

—Seguiré su consejo, profesor.

—Bueno, vayamos ya con el espejo que nos ocupa. Cuénteme su sueño.

Le narré con minuciosidad el complejo episodio, sin escatimar detalles sobre el repugnante baño final. Mientras hablaba, el profesor Alba iba siguiendo mis explicaciones con la cabeza, como si dijera: «muy interesante».

—Por cierto –añadí–, siempre me he preguntado cómo es que en los sueños, por catastróficos que sean, nunca mueres.

—Los sueños están para ayudar a vivir –repuso–. Para morir se basta cada uno. Pero pasemos a la interpretación. ¿Qué aprendió en ese taxi que yo conducía?

—Era muy extraño. No entendía por qué el espejo reflejaba una realidad tan gris si estábamos en un lugar maravilloso.

—La vida siempre es algo maravilloso.

—Eso depende –protesté–. A veces puede ser un mal trago. Entonces uno no lo ve de esta manera.

—¡Exacto! Ha dado en el clavo. Uno ve las cosas de una manera o de otra según su estado de ánimo. Pero las cosas del mundo son siempre igual. Somos nosotros los que ponemos el filtro. Ése es el sentido del espejo.

—¿Cree que uno puede ver un paisaje desolador donde en realidad hay un campo de flores?

—Ésa es la idea. Pero en realidad no existe ese mundo desolador del que habla. Y para ser sincero, tampoco el campo de flores. Todo está aquí –y, dicho esto, se golpeó la sien suavemente con el índice.

—Si todo está en la mente… –repuse–, ¿por qué dice que la vida es maravillosa?

—Porque es un milagro que estemos aquí. Si miramos la infinidad de tiempo que se extiende antes y después de nosotros, veremos que nuestra vida es sólo un chispazo en la oscuridad. ¿No merece la pena celebrarlo?

—Supongo que sí –suspiré.

—Al mirar la realidad, siempre la teñimos de nosotros mismos. Por lo tanto, si la miramos con odio o con desesperación, eso mismo nos devolverá. Pero si la miramos con amor…

Sentí un repentino impulso de abrazar al profesor y lo obedecí, inclinándome sobre el escritorio. En el achuchón casi le hice saltar las gafas.

—Bueno, bueno… –enrojeció–, tampoco se trata de convertir esto en un melodrama. Vamos a centrarnos en el sueño.

A continuación, repasamos con detalle el naufragio final, que el profesor Alba veía íntimamente conectado con el inicio del episodio.

—En la ciudad me angustiaba no entender lo que decían aquellas personas –dije–, tal vez porque hablaban sin parar.

—¿Está segura de que hablaban?

—Claro. ¿Qué hacían si no?

—Tal vez lo que oía era el murmullo de sus pensamientos. A fin de cuentas, uno suele pensar más de lo que habla.

—Es posible. En todo caso era inquietante.

—Los pensamientos son inquietantes, por eso hay que domarlos.

—¿Qué quiere decir?

—El pensamiento sólo es útil cuando acompaña a la acción. Está bien pensar un poco antes de actuar o hacer una pequeña valoración de los hechos, pero si va más allá se convierte en una actividad negativa.

—¿Cómo puede usted decir eso?

—El pensamiento pasivo puede ser muy tóxico, porque empieza y acaba en sí mismo. Es improductivo, y a veces llega a estancarse, por eso tiró de la cadena en el sueño.

—¿Considera que toda esa porquería estaba en mi mente?

—Me temo que sí, por eso se ahogaba en ella. El sueño es un aviso para que haga un poco de higiene mental. A través de la meditación, por ejemplo, lo cual consiste justamente en no pensar. Cuesta un poco al principio, pero todo el mundo puede aprender.

—¿Y todas aquellas palabras flotando?

—Son los prejuicios que condicionan: juicios, críticas, acusaciones, rencores. Nadie puede vivir tranquilo con esa carga. Son detritos que nacen en la mente y es en la mente donde deben morir.

No pude evitar pensar en mi exmarido y en la sinfonía de pensamientos hostiles que le dediqué la madrugada del sábado. Más que el desafortunado lance, fueron estos pensamientos los que no me dejaron dormir, y mucho menos soñar. Por lo tanto, el principal daño me lo había hecho yo.

El profesor chasqueó los dedos para hacerme volver a la consulta. Dijo:

—No sé en qué debe estar pensando, Irene, pero haga caso a este viejo: tire ya de la cadena.

EL MENSAJE

Volví a casa en un estado de ánimo mucho más ligero. Ésa era la palabra, ligereza. Empezaba a reconocer que hasta entonces había vivido bajo el peso de innumerables cargas: el complejo de inferioridad hacia mi hermana, la urgencia de casarme, de encontrar trabajo, el miedo a no ser aceptada en otro, a quedarme sola para siempre, mi resentimiento hacia Leo… ¿Cómo iba a avanzar con esa carga?

Mientras subía los escalones de mi apartamento tenía la sensación de haber abandonado todo eso, como un globo que se eleva después de soltar el lastre.

El profesor Alba sostenía que un espíritu positivo contagia a todo lo que hay a su alrededor. Y aquella tarde iba a comprobar por mí misma que estaba en lo cierto.

Al entrar en casa, puse el móvil a cargar. Fue entonces cuando me di cuenta de que tenía un mensaje de voz de un número desconocido.

Hacía tiempo que no llamaba nadie, así que no me esperaba nada bueno: alguna factura impagada o una cita en la oficina de desempleo. Al reproducir el mensaje, el corazón me dio un vuelco. Era la voz de Gabriel. Se expresaba –como en vivo– entre silencios:

«Hola Irene… ¿todo bien? Espero no resultar invasivo, he encontrado tu teléfono en la ficha de la garantía de tu bici. Espero que siga rodando a las mil maravillas… El sábado olvidé agradecerte tu compañía. Fue un día mágico. Hacía tiempo que no me divertía tanto… No me importa quién fuera ese hombre del restaurante. Bueno, ya sabemos

que la vida es complicada... Otra cosa... espero que no te ofendas por lo que voy a decirte. He estado pensando sobre lo que hablamos en el barco y... he pensado que el negocio iría mucho mejor si alguien se ocupara de la tienda mientras yo estoy en el taller. Sé que te parecerá descabellado, pero he pensado que como ahora no estás trabajando... El sueldo no sería mucho, la verdad. Pero puedo darte una comisión en las ventas. ¿Qué te parece si...?».

El mensaje se cortó en este punto, quizás se había quedado sin batería. No había vuelto a llamar.

Todo aquello era demasiado sorprendente para extraer conclusiones todavía. Como si Gabriel estuviera allí mismo, dije:

—Voy a tener que consultarlo con la almohada.

SÉPTIMO ESPEJO

Esta vez estaba en mi barrio, cerca del Café Samsara. Había una actividad frenética, de gente yendo de un lado a otro, como si esa esquina fuera el centro neurálgico de la ciudad. Los coches hacían sonar el claxon sin motivo. Uno de ellos dio un bocinazo justo a mi lado. Sobresaltada, me disponía a amonestar al conductor cuando vi que el asiento estaba vacío. Levanté la mirada y comprobé que el resto de coches que circulaban tampoco tenían conductor.

«Ya estoy soñando», me dije, y antes de que pudiera buscar el siguiente espejo, me vino un capricho irrefrenable. Quería comer un croissant. Justo al otro lado de la calle vi una panadería con nombre francés que desprendía un fuerte y agradable aroma. Supuse que el antojo me había venido al olisquear los croissants recién hechos. Como sabía que estaba soñando, crucé la vía pública ignorando los coches, que me pasaban por encima como si fueran hologramas.

Pero lo más curioso fue que cuando llegué al otro lado, la panadería había desaparecido. Sencillamente, no había ningún establecimiento en aquella acera. Busqué la panadería con los ojos y vi que estaba justo en el lugar del que venía. Más hambrienta aún que antes, volví a atravesar la vía atestada de coches para llegar al otro lado. Pero, una vez más, cuando llegué al lugar donde debería estar, la panadería se había esfumado. Esta vez había sido sustituida por un quiosco.

Me extrañó que sólo vendieran prensa inglesa, estando en mi barrio, pero me sorprendí más aún cuando vi que uno de los periódicos –el Daily Mirror*– llevaba mi fotografía en primera plana. Compré un ejemplar y* *leí con atención lo que decían los titulares:* «Irene Mond podría trabajar en una tienda de bicicletas».

Aquélla era una noticia ridícula, pensé. Pero sentía curiosidad por saber qué más decía el periódico de mí, y me dirigí al Café Samsara para leerlo con calma. Pero cuando llegué allí, el café ya no estaba.

SESIÓN OCHO

—¿Sabía que prácticamente sólo los seres humanos se reconocen en el espejo? –dijo el profesor Alba–. Como mucho se cree que los monos, los delfines y los elefantes podrían entrar en ese selecto club. El resto sólo ve a un rival o a un amigo al otro lado. ¿No le parece revelador?

—Nunca me lo había planteado. ¿A qué se debe, en su opinión?

—Parece ser que la conciencia de la propia identidad es casi exclusiva de los humanos. Por eso nos gusta tanto mirarnos en el espejo, pues refleja nuestras contradicciones. Como Narciso en el lago, buceamos en nuestra propia mirada en busca de respuestas.

—Por cierto –dije–, me costó encontrar la relación entre el periódico y el espejo. Luego caí en que *Daily Mirror* significa «espejo diario».

—¿No le parece ingenioso? –rio el profesor.

—Más bien me parece una tomadura de pelo. ¿Por qué iba a publicar el periódico una noticia tan trivial?

—No era trivial, puesto que se publicaba sólo para usted. Como bien ha dicho, era su espejo. Aunque tiene razón, en ocasiones los sueños dan muestras de un excelente sentido del humor.

—Me extrañó también que cada vez que quería ir a un sitio, cuando llegaba allí ya no estaba.

—¡Ése es el verdadero meollo de la cuestión! –exclamó–. La enseñanza está ahí.

—Pues no lo entiendo…

—Enseguida lo verá. ¿Por qué quería cruzar la calle?

—Bueno, al principio sólo quería comer un croissant… –dije sintiéndome algo ridícula.

—¿Y por qué lo buscaba en la otra acera?

—Vi que allí había una panadería.

—De acuerdo, pero ¿comprobó antes si había una en su lado de la calle?

—La verdad es que no. Simplemente crucé la calle porque la había visto allí.

—«La hierba del vecino siempre es más verde» –recitó.

—Eso me suena a proverbio.

—Y lo es, si quiere le digo uno más célebre todavía: «Cuando estoy en Roma quiero ir al campo, cuando estoy en el campo quiero ir a Roma».

—Entiendo... quiere decir que siempre estoy buscando lo que no tengo.

—Correcto. En lugar de disfrutar de lo que posee, va a buscarlo a otra parte. Cuando llega allí, descubre que se encuentra en otro lugar. Y así hasta el infinito. Ésa es la dinámica del deseo.

—Anhelar lo que no se tiene.

—Eso mismo. El deseo es como la zanahoria delante del borrico: le hace avanzar, pero no ciertamente hacia donde quiere.

—Entonces, usted opina que los deseos son negativos.

—No siempre. Como en el pensamiento, todo depende del papel que les otorguemos. El problema es cuando los deseos posponen nuestra felicidad, porque entonces nunca la obtendremos. Por ejemplo, si no disfruta de esta conversación ahora, porque piensa que mañana tendremos una mejor. En este caso, el deseo se convierte en una zanahoria y el sujeto en un borrico, ¿lo ve?

—Perfectamente.

—Además, ni siquiera es práctico. Las personas de éxito conocen el secreto: cuanto más persigues una cosa, más se aleja.

—¿Y eso se aplica a todo?

—A casi todo. Recuerdo que en la universidad, los que más éxito tenían con las chicas eran los que menos caso les hacían.

—Sé que es así, pero ¿no le parece injusto?

—Mi querida Irene: éstas son las reglas del juego. Tiene que aprenderlas si no quiere salir derrotada.

ANDREA

Después de un mes sin tener noticias de ella, mi hermana me había citado en un parque del centro. «Necesito confesarte algo», había dicho.

Sin dudarlo un instante, monté en mi bicicleta para acudir al encuentro. En otra época me habría preocupado por lo que pudiera haberle sucedido a Andrea. Pero estaba aprendiendo a no adelantarme a los acontecimientos, fueran buenos o menos buenos.

Me limitaba a pedalear, mientras el sol pasaba entre velos de nubes y calentaba tibiamente el penúltimo día de invierno. Una inesperada brisa marina empezó a soplar levantando mi bufanda como la cola de una cometa. Entonces tuve que pensar en Gabriel y en el mensaje que había dejado el día anterior en mi móvil.

No había tomado ninguna decisión respecto a su inesperada oferta de trabajo, aunque la prensa de mis sueños especulara ya con esa posibilidad. Me daba miedo estropear una amistad que empezaba a ser importante para mí, muy importante incluso. Por eso había tomado una determinación algo dolorosa, pero necesaria.

Tras darle las gracias por pensar en mí y añadir «Me lo pensaré», había decidido no verle en algún tiempo. Primero necesitaba aclarar mi mente: mis sentimientos hacia él, hacia mi hermana, hacia el resto del mundo. Quería concentrar toda mi energía en los dos espejos que me quedaban, concluir este viaje al centro de mí misma antes de enfrentarme al mundo exterior. Por consiguiente, de momento guardaría silencio.

Andrea estaba ya en el parque, sentada en un banco frente a un estanque con peces rojos. Recliné la bicicleta en un árbol y corrí a abrazarla. Un rictus tenso en sus mejillas me reveló que algo no iba bien.

—Irene, estás magnífica –me dijo.

—Amor de hermana –sonreí–. ¿Qué querías contarme?

—No sé cómo te vas a tomar esto. Llevo meses pensando en lo que tengo que decirte.

—Suéltalo ya, vamos. No me hagas sufrir.

—Me siento culpable por lo que te sucedió con Leo.

—¿Tú, culpable? Explícate… –le dije esperando lo peor.

—No es lo que estás pensando. Puede que él tuviera amantes, pero por supuesto yo no era una de ellas.

—¿Qué estás intentando decirme? –pregunté alarmada.

—Un año antes de tu divorcio, lo vi casualmente en una tienda de decoración. Leo no se dio cuenta de que yo estaba allí. Iba con una chica mucho más joven que él. De hecho, podría haber sido su hija… vuestra hija, quiero decir.

—Ya sabes que nunca quisimos tener hijos –respondí secamente–. Por favor, sigue.

—El caso es que me mantuve a cierta distancia de ellos. No parecía una relación de simple amistad. Al cabo de unos minutos, mis sospechas se vieron confirmadas: los vi besarse al lado de la caja, después de que él le hubiera regalado algo. Luego salieron de la tienda. Iban de la mano.

—¿Cómo es que no me lo contaste? –quise saber asombrada.

—¿Qué habrías ganado con ello?

—Me lo habría sacado de encima un año antes. Llevaba tiempo buscando una excusa para mandarlo a paseo.

—¿Lo dices en serio? –preguntó Andrea abriendo los ojos.

—Totalmente. De hecho, creo que nunca estuve enamorada de ese cretino. Fue un alivio que encontrara a otra. Estoy en deuda con esa mujer, quienquiera que sea. ¿Tienes su teléfono para darle las gracias?

—Ostras, Irene, no te conozco…

Acto seguido, nos miramos atónitas unos segundos y nos entró un ataque de risa incontenible, como cuando éramos pequeñas.

OCTAVO ESPEJO

Había vuelto al parque de atracciones donde me solían llevar de niña. Era de noche y todas las atracciones estaban en marcha, cada una con su música particular. Yo caminaba fascinada por aquel mundo de luces e ilusión, cuando me di cuenta de un detalle: era la única visitante del parque. Lo habían abierto para mí.

«Esto también es parte del castillo», me dije, y agucé mi atención para no perder la lucidez. Pedí una barba de azúcar rosa, como las que comía cuando era pequeña, y empecé a saborearla mientras buscaba el siguiente espejo. Pasé por la pista de autos de choque, la noria, el tren de la bruja… y de repente vi que había llegado al lugar indicado.

Ante mí resplandecía una construcción redonda y plana con el letrero luminoso «LABERINTO MÍSTICO»*. Supe que era allí donde debía entrar, porque la caseta de los tickets estaba ocupada por el profesor Alba. Compré una entrada y le pregunté:*

—¿Da mucho miedo?

—Eso depende. Si busca bien, no tendrá miedo.

—¿Qué quiere decir?

—Sólo las chicas listas salen del laberinto.

Acto seguido, subí por una plataforma metálica que daba entrada a la atracción. Empujé la puerta, que se cerró tras de mí con gran estruendo. Me hallaba dentro del laberinto, en un pequeño recibidor apenas iluminado por un fluorescente azul. En la salita había un sofá antiguo y una puerta minúscula, como para enanitos.

Me dirigí hacia la puerta para iniciar el recorrido, pero descubrí que era sólo una pintura en la pared. No parecía haber ninguna otra salida, aparte del lugar por donde había entrado, así que supuse que tenía que volver al exterior para entrar por otro sitio. Pero esa puerta no se podía abrir desde dentro, como pude comprobar.

Estaba encerrada entre cuatro paredes. Decidí sentarme en el sofá para pensar cómo podía salir de ahí. Al apoyar mi trasero, vi que el almohadón se hundía excesivamente, hasta dejarme casi a ras de suelo. «Ya lo tengo», me dije, y me incorporé para arrancar el almohadón del sofá, que ocultaba un largo túnel que bajaba en forma de tobogán, ribeteado con bombillas de colores.

Sin pensármelo dos veces, salté dentro del hueco y empecé a caer por un larguísimo tobogán, que serpenteaba a toda velocidad por una serie de salas que me resultaban familiares: mi habitación de niña, el hotel donde pasé la luna de miel, el salón de mi hermana, la oficina... Llegado a este punto, el tobogán se terminó abruptamente y caí al vacío en total oscuridad, aunque no tenía miedo porque sabía que estaba soñando. «A ver dónde voy a parar», me dije.

Finalmente aterricé en una superficie mullida y se encendieron las luces. Me hallaba en una habitación circular –en apariencia sin salida– formada por espejos deformantes.

Empecé a contemplar mi imagen distorsionada de un modo grotesco: uno de los espejos me mostraba como una enana paticorta, el siguiente alargaba mis dedos como los de una bruja, el tercero me hacía parecer una enorme pelota.

Algo me decía que ninguno de ellos era el octavo espejo que estaba buscando, como mucho un paso intermedio para llegar a él. Volví a examinarlos –y a examinarme– y me di cuenta de que uno de ellos no distorsionaba mi imagen. «Tiene que ser por aquí», me dije, y lo empujé suavemente. En efecto, el cristal giró lateralmente y pude saltar al otro lado, como una Alicia algo crecida.

Volvía a estar a oscuras, en una sala angulosa y sumamente estrecha, como pude comprobar palpando las paredes, que eran de nuevo de cristal. También aquí se encendió una luz brillante, y descubrí con espanto que me rodeaban miles, millones de mujeres.

Necesité unos segundos para comprender que estaba encerrada entre tres grandes espejos en forma de triángulo. El efecto de la reflexión infinita hacía que mi imagen se hubiera repetido innumerables veces, creando aquella multitud de Irenes que miraban en todas direcciones.

La luz que inundaba la sala se apagó un instante y, cuando se volvió a encender, me hallaba otra vez en la salita azul. La puerta estaba abierta.

SESIÓN NUEVE

El profesor Alba escuchaba con satisfacción el relato de mi última aventura nocturna. Todavía no había terminado, cuando extrajo del cajón un folio en blanco y empezó a deslizar la estilográfica por el papel, trazando algo parecido a un ocho en posición horizontal.

—¿Qué es eso? –le pregunté intrigada.

—No es casual que el octavo espejo se haya presentado de esta manera –dijo excitado–, en forma espejo infinito.

—¿A qué se refiere?

—El ocho representa justamente el infinito, la llamada cinta de Moebius. ¿Lo ves?

Y empezó a pasar el dedo por aquella figura que, efectivamente, no tenía fin.

—Ya que hablamos de números –intervine–, sigo sin entender por qué tengo que buscar precisamente 9 espejos. Que el nueve se parezca a un espejo de mano no me parece razón suficiente. ¿No puede haber más?

Dije esto con un sentimiento agridulce, como de nostalgia avanzada. Por un lado, me sentía feliz por todos los avances que había logrado. Pero, por el otro, me producía mucha tristeza que las sesiones con el profesor estuvieran a punto de acabarse.

—Por razones numerológicas –dijo–, el nueve es ideal para los espejos, ya que es un número que siempre se funde con los demás. Refleja los otros números sin sumar ni restar nada. ¿Lo entiende?

—No comprendo nada.

—Haremos un sencillo ejercicio. A ver, ¿9 + 9?

—18 –respondí como si hubiera vuelto a la escuela.

—Sume los números que componen el 18.

—1 + 8 = 9. Muy ingenioso.

—Ahora dígame un número de cuatro cifras que incluya tres nueves, por ejemplo.

—9399 –dije al azar.

—Si suma igual que antes, dará tres. Los nueves es como si no existieran.

Hice la prueba:

—9 + 3 + 9 + 9 = 30; 3 + 0 = 3. ¡Es verdad!

—¿Ve cómo el nueve es un número fantasma? Por eso nunca hay que contarlo, porque el resultado será igual tanto si se suma como si no. Pero ya está bien de juegos matemáticos. Pasemos a la interpretación del sueño.

—He estado pensando en los espejos deformantes –dije–. Supongo que están relacionados con la manera en que me ven los demás.

—O, para ser más precisos –apuntó el profesor–, con la manera en la que cree que los demás la ven, lo cual es algo totalmente distinto.

—La verdad es que siempre he sido muy sensible a las opiniones ajenas. En la escuela, cuando un compañero me hacía alguna mofa, volvía a casa mortificada.

—Buscaba la aprobación de los demás –concluyó el profesor–, porque no estaba contenta consigo misma.

—Sí, tenía mucho sentido del ridículo, por eso nunca intervenía en clase. Siempre evitaba dar mi opinión.

—De adulta reprodujo esa misma conducta –siguió–. Como le costaba expresar sus sentimientos y tomar decisiones por sí misma, los demás intervenían por usted, decidían su vida.

—Creo que eso es lo que intentaban decirme los espejos deformantes –admití.

—Pero tengo una buena noticia –intervino el profesor mientras se quitaba las gafas para limpiárselas–, el sueño nos informa de que esa etapa ya ha quedado atrás. Lo que acabamos de interpretar no era el mensaje del octavo espejo, sino el de los espejos que lo precedían. La reflexión infinita nos dice que a partir de ahora ya no habrá límites para usted.

No logré prestar atención a estas últimas palabras, porque acababa de hacer un súbito descubrimiento. Al observar los ojos del profesor sin el filtro de las gafas, me di cuenta de que le nacía una suave curva orientalizante al lado de cada párpado. No salía de mi asombro. Interrumpí su discurso para preguntarle:

—Profesor, ¿cómo se llama su hija?

—Beatriz.

BEATRIZ

Acudí esa misma tarde a mi antigua oficina, mientras me debatía entre la furia y la perplejidad. Ni siquiera me detuve a saludar a las Carlotas en mi camino hacia el despacho de Beatriz.

La encontré martilleando suavemente con los dedos un informe que tenía sobre la mesa, un gesto muy propio del profesor Alba. ¿Cómo no había caído en la cuenta? Irrumpí en el despacho acristalado sin ni siquiera pedir permiso:

—Hola Irene –dijo sin perder la placidez de su expresión.

Yo no estaba para preámbulos, así que disparé directamente:

—¿Cómo te atreves a mandarme a la consulta de tu padre después de despedirme? Porque tú escribiste la nota, ¿no?

—Así es –admitió con una sonrisa–. Y parece que no te ha ido tan mal.

—¿Tú que sabes? ¿Te cuenta tu padre lo que hablamos en la consulta entre jugada y jugada de ajedrez?

—¡Jamás! Guarda con mucho celo el secreto profesional. Veo en tu cara que estás del todo restablecida.

—Restablecida después de la depresión que me causó perder mi empleo.

Beatriz me pidió con un suave gesto que me sentara, antes de empezar con las explicaciones:

—Podría haberte mantenido en el puesto –dijo–, pero te hubiera hecho un flaco favor. Necesitabas tocar fondo para reaccionar. En este caso, el fin ha justificado los medios.

—Has heredado la excentricidad de tu padre –le dije ya más relajada, incluso algo divertida por la situación.

—Además, todo tiene remedio –añadió–. Ahora mismo tengo una vacante en el departamento comercial, con un sueldo superior al que ganabas antes. Si estás dispuesta a hacer el curso de formación, el puesto es tuyo.

—Gracias, Beatriz, pero ahora mismo no puedo aceptarlo. Tengo que meditar unas cuantas cosas todavía: en adelante quiero hacerlo bien.

Nos despedimos con un abrazo, que fue registrado por el contable –que en aquel momento pasaba por allí– con verdadero estupor. Creo que pensó de mí algo así como: «¿A qué viene ese gesto de sumisión?».

Pero yo en realidad le estaba diciendo a Beatriz: «Gracias por haber cuidado de mí a tu manera».

NOVENO ESPEJO

Me hallaba en medio del desierto, con inmensas dunas de arena blanca bajo un sol abrasador. Podía ver el castillo, que esta vez era de arena, pero por más que caminaba no lograba atraparlo. De hecho, cada paso parecía alejarme un poco más del castillo, hasta que tras una carrera desesperada para llegar a él desapareció del horizonte.

Miré en todas las direcciones por si había cambiado de ubicación, pero sólo encontraba desierto por todas partes. Tenía una sed horrible y deseé con todas mis fuerzas hallar al menos un oasis o un pozo donde poder beber.

En un momento de mi marcha, las piernas me fallaron y caí exhausta al suelo. Empecé a arrastrarme, pidiendo desesperadamente llegar a algún sitio.

De repente, noté con las manos que había algo duro bajo la arena. Esperanzada, me dediqué con frenesí a apartar la arena de aquel lugar para ver lo que era. Se trataba una trampilla de hierro.

Introduje los dedos por el estrecho resquicio y tiré fuertemente hasta lograr abrirla. Daba paso a unas escaleras descendentes por las que emergía un agradable frescor, como si debajo hubiera una cueva subterránea.

Bajé los peldaños con cuidado hasta llegar a una especie de catacumba, que resultó ser un pequeño café con una barra y un camarero vestido de beduino, el manto negro con el que se cubren los hombres del desierto. En aquel momento estaba de espaldas, ordenando las botellas que tenía en un estante.

—Por favor, deme agua –supliqué.

—La tienes delante de ti –contestó.

Y entonces advertí que en la barra había un gran vaso de cobre, lleno del líquido transparente. Muerta de sed, lo tomé con ambas manos dispuesta a bebérmelo de un trago. Pero entonces sucedió algo terrorífico: antes de que pudiera beber, me vi reflejada en el agua –el noveno espejo– y sólo vi una calavera.

En ese momento el camarero beduino se dio la vuelta y descubrí a un esqueleto bajo el manto negro: la Muerte. Dejé ir un fuerte alarido, que resonó largamente en la catacumba antes de desplomarme.

ÚLTIMA SESIÓN

—Nunca debe preocuparse por las imágenes que aparecen en los sueños –dijo el profesor Alba–, porque nos hablan en un lenguaje esencialmente simbólico. A fin de cuentas, cada sueño es como un espejo que refleja cosas de nosotros. La clave está en la interpretación, porque los símbolos están presentes para todo el mundo.

—Pero lo que me asustó no fue el encuentro con la muerte –intervine–, sino que el vaso reflejara mi propia muerte.

—Y ¿qué le dice eso?

—Tal vez signifique sencillamente que tengo miedo a la muerte, o a la muerte de las personas que quiero.

—Frío, frío… –dijo el profesor–. Es normal que la muerte nos cause más o menos aprensión: siempre es inquietante ir a un lugar que no conoces. Pero, en mi opinión, no es ése el mensaje fundamental del sueño.

—¿Significa que voy a morir pronto?

—Caliente, caliente…

Un escalofrío recorrió todo mi cuerpo. El profesor Alba respiró profundamente antes de decir:

—Significa que ya ha muerto. Mejor dicho, que ya ha muerto la vieja Irene, que nos ha dejado para dar nacimiento a la nueva. Bienvenida al mundo, nueva Irene.

Me quedé en silencio, intentando abrazar el sentido de aquellas palabras mientras el corazón me latía con fuerza.

—Felicidades –añadió el profesor–, ha encontrado el último espejo. Ahora es libre.

Y, mientras decía esto, se levantó para despedirme. La terapia había terminado.

—¿Libre de qué? –pregunté apenada.

Me daba cuenta de que quizá nunca regresaría al taller de sueños del profesor Alba. Tal vez ni siquiera volvería a verle, a no ser que le buscara en un sueño lúcido.

—Es libre de vivir como quiera, de disfrutar, de aprender. Ha completado el puzle: ya no tendrá que buscar más espejos en los sueños –concluyó–. Ahora ya puede soñar con los ojos abiertos.

PRIMAVERA

Celebré el primer día de primavera con un agradable paseo en bicicleta hasta el puerto. El viento de marzo levantaba mis cabellos mientras me preguntaba cómo reaccionaría Gabriel ante mi reaparición.

Le llevaba un regalo –mi libro favorito– para agradecerle su paciencia conmigo en los tiempos revueltos que habían quedado atrás. Salía de un invierno duro pero lleno de enseñanzas.

Tampoco esta vez lo encontré apostado en la calle con el tazón de café. Pero lo más extraño –y alarmante– era que la tienda estaba cerrada y la persiana metálica bajada. Gabriel no la cerraba así ni siquiera los fines de semana, porque le gustaba que los paseantes pudieran ver sus bicicletas.

Sólo entonces me di cuenta de que Gabriel se había ido, tal vez para siempre. Ante aquel telón de metal, comprendí que a veces necesitamos perder a las personas para entender lo que significan para nosotros.

Presa del pánico, volví a montar en la bicicleta y pedaleé con fuerza hacia el muelle, con el viento en contra, como si tratara de batir un récord de velocidad. Durante todo el trayecto, pasaron por mi mente los pocos momentos que había podido compartir con él, y me sentí terriblemente desgraciada.

El asfixiante nudo que se me había formado en el estómago se deshizo cuando lo vi, a lo lejos, subido a su barcaza. Parecía a punto de soltar amarras.

—¡Eh! –le grité desde lo lejos–. ¿Dónde te piensas que vas?

Me miró más atónito que sorprendido, mientras dejaba caer las amarras y esperaba a que llegara. Dejé la bicicleta en el suelo y respiré profundamente, tratando de recobrar el aliento.

—Necesito unas vacaciones –dijo él–. He trabajado demasiado últimamente.

—Podrías haberte despedido al menos –lo reprendí.

—Mira quién fue hablar: la desaparecida. ¿Dónde te habías metido?

—Yo justamente vuelvo de un viaje. O de muchos, según se mire. Y tú, ¿adónde vas?

—No lo sé todavía. ¿Se te ocurre algún sitio?

—Ahora mismo no, pero ya se me ocurrirá. ¿Me ayudas a bajar la bicicleta?

Después de maniobrar por el muelle, el barco puso rumbo mar adentro. Mientras Gabriel oteaba en silencio el horizonte marino, yo observaba cómo la ciudad se iba haciendo cada vez más pequeña.

También había dejado atrás el castillo de los 9 espejos, donde había aprendido tantas cosas. Antes de que la ciudad y sus sueños desaparecieran tras el oleaje, tuve un último recuerdo para el profesor Alba.

Abandoné la popa para ir a hacer compañía a mi silencioso capitán. Para su sorpresa, le pasé el brazo por el hombro con el azul infinito como único testigo. Recordé entonces las últimas palabras que me había dicho el profesor al despedirme:

Incluso en este mundo imperfecto, la vida puede ser algo maravilloso.

—MANUAL PRÁCTICO—

CÓMO TENER SUEÑOS LÚCIDOS

y encontrar tus espejos personales

SUEÑOS LÚCIDOS: UNA PUERTA AL OTRO LADO DEL ESPEJO

Los sueños son reales mientras duran.
¿Podemos decir más de la vida?»
HENRY HAVELOCK ELLIS

Una historia oriental muy conocida cuenta que Chuang Tzu soñó una vez que era una mariposa. Al despertar se preguntó si él era un hombre que había soñado en una mariposa, o bien una mariposa que soñaba que era un hombre.

Esto apunta a un hecho fundamental: a veces es difícil trazar una línea divisoria clara entre lo que llamamos realidad y nuestros sueños.

¿No te has planteado nunca la posibilidad de que la vigilia sea un sueño y el sueño tu verdadero despertar?

La mayoría de tradiciones espirituales prestan mucha atención al mundo onírico como medio de conocimiento. Los aborígenes australianos, por ejemplo, denominan al período de la creación del mundo «Era del Sueño» y recurren a este misterioso estado para hallar respuestas que iluminen la vigilia. Están convencidos de que trabajar con los sueños da acceso a otras esferas de la existencia, además de permitir la comunicación entre los vivos y los muertos.

Los maestros tibetanos llaman «bardo» –o estado intermedio– a la transición que existe entre el fin de una vida y el inicio de la siguiente. Nuestros sueños de cada noche también son una especie de bardo que conecta un despertar con el siguiente.

¿Qué es la lucidez?

Las personas que se acercan por primera vez a los sueños lúcidos se sorprenden cuando oyen que es posible «despertar» dentro de un sueño y, al mismo tiempo, seguir durmiendo.

Y eso es justamente la lucidez: darse cuenta de que uno está soñando y permanecer en el sueño con una conciencia propia de la vigilia. Es decir, seguimos soñando, pero gozamos de voluntad dentro del episodio para movernos por él libremente y tomar nuestras propias decisiones.

¿Puede imaginarse un campo de acción más amplio e ilimitado que el de los sueños?

Se calcula que un 70 % de las personas han soñado lúcidamente alguna vez de manera espontánea. Aunque es posible que ese índice sea mayor, ya que a menudo tenemos sueños lúcidos, pero no nos damos cuenta.

Para disfrutar de este particular estado entre la vigilia y el sueño hay que reconocerlo y mantenerlo.

Cuando lo conseguimos, lo cual está al alcance de todo el mundo, se abre ante nosotros un universo de posibilidades inesperadas. ¿Puede haber algo más excitante que viajar libremente por el territorio inmenso de nuestro inconsciente?

¿Por qué soñar lúcidamente?

Las personas que hasta hoy no hayan prestado demasiada atención a los sueños –pese a que pasamos la tercera parte de nuestra vida durmiendo– tal vez se pregunten qué utilidad puede tener soñar lúcidamente.

Vamos a resumir con brevedad los beneficios y oportunidades que tenemos ante nosotros cuando desarrollamos nuestra capacidad de «despertar» dentro del sueño:

- Explorar aquellas regiones de nuestro inconsciente que desconocemos.
- Potenciar nuestra intuición.
- Liberar nuestra mente de complejos, represiones y bloqueos.

- Mitigar el estrés en el gran espacio de juegos que nos procura el inconsciente.
- Desatar y movilizar la creatividad.
- Resolver problemas que en la vigilia parecen irresolubles.
- Disolver confusiones y arrojar luz sobre cualquier aspecto vital.
- Visitar otros lugares y personas, incluso las que han fallecido.
- Conversar con otros soñadores.
- Encontrar un guía espiritual.
- Dar rienda suelta a nuestras fantasías.
- Hallar inspiración para superar obstáculos.
- Desactivar miedos y fobias.
- Conocer vidas pasadas.
- Desarrollar las capacidades psíquicas.
- Prepararse para la vida después de la vida.

El castillo de los 9 espejos

La pequeña guía que tienes en tus manos, como anexo a la novela, es un manual de instrucciones para acceder de manera rápida a los sueños lúcidos y disfrutar del horizonte ilimitado que suponen para nosotros.

Para los lectores que han empezado este libro por su anexo, sin haber leído aún la fábula sobre el poder de los sueños, he incluido algunos fragmentos que ilustran los capítulos.

Además de mostrar –paso a paso– cómo acceder a este estado onírico creativo, con ejercicios para iniciarse y ejemplos ilustrativos, la novedad de este método son los «espejos personales».

Parte de la base de que la conciencia es como un castillo que podemos explorar a través de los sueños lúcidos. Esta mansión oculta una serie de espejos que reflejan aspectos de nuestra personalidad que desconocemos: nuestras zonas de sombra. Aprender a encontrarlos nos proporcionará la llave de nuestra liberación para vivir de manera más despierta, creativa y feliz.

—Espero que le guste viajar. Te queda mucho camino por delante.

—¿Viajar? ¿Adónde?

—Digamos que a un castillo, pero no a uno cualquiera. Es una mansión muy especial a la que sólo usted tiene acceso.

—¿Cómo? No entiendo nada.

—Lo llamaremos «el castillo de los 9 espejos». Pero vamos a ir por partes.

[…]

—¿Cómo se llega al castillo de los 9 espejos? –le pregunté fingiendo interés.

—Volando, por supuesto.

[…]

—Pero yo no sé volar, profesor. ¿Puedo llamarle así?

—Ése es un problema que vamos a tener que solucionar.

—¿Me va a regalar unas alas?

[…]

—No le hacen falta. Con que levante la mirada del suelo será suficiente.

—¿Así de fácil?

—Así de fácil.

—Pero usted me acaba de decir que a ese castillo sólo se llega volando.

—¿Y qué cree que hace cuando sueña?

ACERCA DE LA LUCIDEZ

LA ERA DEL SUEÑO: UNA HISTORIA ENIGMÁTICA

Todas las cosas que uno ha olvidado
imploran ayuda en los sueños.
ELIAS CANETTI

Aunque el objeto de este manual no es procurar una panorámica histórica del uso de los sueños, antes de explorar la lucidez nos detendremos muy brevemente en cuatro tradiciones antiguas que han dado especial valor al mundo onírico.

Unas pinceladas de todas ellas nos pueden servir para profundizar en nuestros viajes soñados y hallar inspiración a la hora de preparar nuestra hoja de ruta.

Antiguo Egipto

En la época de las dinastías faraónicas, los sacerdotes concedían gran importancia a los sueños y los consultaban antes de tomar decisiones o dar consejo a los mandatarios.

Curiosamente, el símbolo jeroglífico que designaba el sueño era un ojo abierto. Para esta tradición, al cerrar los ojos para dormir, los abrimos en otra dimensión mucho más luminosa.

Al igual que los griegos, los egipcios estaban convencidos de que los dioses nos hablan a través de los sueños para guiar nuestros pasos y sacarnos de la confusión. Los sacerdotes ejercían esta actividad sagrada en los templos, donde luego interpretaban los mensajes divinos.

Asimismo, concebían el mundo onírico como un caudal de sabiduría donde nos aguarda el conocimiento que teníamos antes de iniciar el viaje de la vida. Para poder acceder con más precisión a estas fuentes de inspiración, los sacerdotes desarrollaron técnicas para permanecer conscientes dentro del sueño.

La fuente de Castalia

En el siglo II a. C., Ptolomeo registró en papiros los sueños que experimentaba en el templo de Serapis en Memphis, donde vivía retirado. Aunque era hijo de colonos macedonios, Ptolomeo siguió la tradición egipcia y pasó largos años entregado íntegramente a los sueños. El conocimiento que obtuvo a través de ellos lo guio tanto en su práctica espiritual como en asuntos profanos –negocios familiares– que tenían lugar fuera de los muros del templo.

Sin embargo, en la Grecia clásica el puntal de la vida onírica se situaba en la fuente de Castalia: un manantial situado en el monte Parnaso que emitía vapores alucinógenos que provocaban sueños y visiones para predecir el futuro.

La mitología asegura que cerca de esta fuente se reunían las musas –diosas del canto y la poesía– y las ninfas del agua fresca, también llamadas náyades. Mientras la pitonisa se entregaba al sueño, Apolo tocaba la lira y estas divinidades menores cantaban.

De la fuente manaba el «agua parlante» que daba el oráculo que la pitonisa transmitía luego a los consultantes.

Atrapasueños

Entre las tradiciones ancestrales que todavía persisten, destaca la de los aborígenes australianos y las culturas chamánicas que se extienden a lo largo del continente americano.

En el territorio que ocupa Estados Unidos, los indios sioux todavía utilizan un artilugio denominado «atrapasueños» para filtrar sus experiencias nocturnas. Esta red elaborada con hilos y cuentas con un orificio en el centro se cuelga encima de la cama. Su misión es atrapar los buenos sueños, mientras los malos se escapan por el agujero central.

Los atrapasueños –muy comunes en todas las casas– se decoran tradicionalmente con plumas y cascabeles. Además de su uso práctico, simbolizan la red de la vida, donde hay que capturar lo bueno y dejar pasar todo aquello que es nocivo, lo que no vale la pena que forme parte de nosotros.

EL TIEMPO DEL SUEÑO

La visión del mundo de los aborígenes australianos contempla dos tiempos distintos que se complementan entre sí: el tiempo cotidiano y el Tiempo del Sueño o *Alchera*. En este tiempo mágico, la Tierra estaba en proceso de formación, y héroes medio humanos, medio animales realizaron toda clase de viajes y hazañas, lo que incluía la creación de ríos, pozos y manantiales.

Una vez cumplida la creación, los espíritus ancestrales se ocultaron en el interior de la Tierra y tomaron las formas de la naturaleza: animales, plantas, montañas, ríos…

En el Tiempo del Sueño, la Serpiente Arcoíris despertó de su letargo y empezó a recorrer la Tierra desatando lluvias que llenaron los ríos y lagos. Cuando introdujo la nariz en el suelo, levantó montañas y valles. Acto seguido, despertó a los animales y, por último, a los humanos. La serpiente sagrada les advirtió que sólo debían tomar de la Tierra aquello estrictamente necesario, ya que, de lo contrario, serían castigados.

Este animal mítico está representado a través del didjeridoo, el instrumento aborigen australiano -construido a partir de una rama de árbol vacía- que mide entre un metro y dos metros y medio.

Pero el Tiempo del Sueño no se circunscribe únicamente al pasado, ya que desde el presente es posible visitarlo a través de ritos chamánicos.

Lugares sagrados, varios autores, Océano, 2005

ESTAR DESPIERTO ESTANDO DORMIDO

Hay personas que se hallan despiertas incluso cuando están dormidas.
Otras, en cambio, aunque aparenten estar despiertas
se encuentran profundamente dormidas.

Lalla

Lo que distingue a los sueños lúcidos del resto de sueños es que mantenemos cierta conciencia dentro de ellos. Dicho de otro modo, en lugar de ser meros espectadores de la aventura que proyecta nuestra mente, tenemos cierta autonomía para movernos por ellos.

El soñador lúcido se halla dentro del territorio onírico con capacidad para analizar lo que está sucediendo y puede tomar decisiones que afectarán al curso del sueño. Esto supone una oportunidad única de exploración personal, ya que, mientras dormimos, todas las posibilidades –de las más oscuras a las más placenteras– están en nuestra mano.

¿Cuándo sabemos que hemos entrado en ese estado excepcional? En el momento justo que tomamos conciencia de que estamos soñando. Mientras dura esta fase prodigiosa, que suele ser breve y difícil de mantener, somos protagonistas de una aventura formidable llena de descubrimientos.

En un sueño lúcido nuestros deseos se hacen realidad. Somos magos con poderes ilimitados para hacer y crear lo que queramos.

¿Qué podemos hacer en un sueño lúcido?

Básicamente, todo aquello que nos brinde nuestra imaginación, aunque el escenario inicial nos vendrá dado por el propio sueño. En el momento en que tomamos conciencia de la lucidez, podemos hallarnos en la cima de una montaña, en una ciudad desconocida o en una mansión como el de la novela que precede este manual.

Ese es nuestro punto de partida para viajar libremente mientras seamos capaces de mantener la lucidez. Hasta que el sueño se desvanece –o somos tragados por otro sueño en el que perdemos la voluntad–, somos libres de abrir puertas secretas, correr, saltar al vacío, conocer lugares que nunca hemos visitado, bucear en el fondo del mar sin necesidad de respirar, intimar con personas que viven en nuestro sueño...

El sueño lúcido es un campo de experimentación de posibilidades prácticamente ilimitadas. A continuación, glosaremos sólo algunas de ellas:

- Volar libremente o saltar por un precipicio sin miedo a recibir daño.
- Encarnarse en un personaje admirado.
- Viajar hasta lugares remotos –incluso al espacio exterior– en los que nunca hemos estado.
- Enfrentarnos a los monstruos o situaciones que nos aterrorizan con la seguridad de que no nos sucederá nada.
- Disfrutar de poderes sobrehumanos.
- Visitar el pasado o el futuro.
- Hacer realidad nuestras fantasías sexuales.

Naturaleza de la lucidez

En los testimonios de las personas que han tenido este tipo de experiencias suelen producirse coincidencias significativas. En el momento en que toman conciencia de la lucidez, el sueño adquiere unas propiedades únicas que lo diferencian del resto de experiencias oníricas:

1. El sueño parece expandirse, como si de repente gozáramos de un radio de acción más amplio para «pasar pantallas», utilizando el lenguaje de un videojuego.
2. Los colores son más brillantes y las personas se vuelven mucho más reales.

3. El soñador sabe que tiene cierto control sobre la aventura, aunque siempre hay una parte imprevisible; en otras palabras: podemos ir donde queramos y hacer lo que nos plazca dentro de los escenarios que nos proporciona el sueño; somos más actores que creadores.
4. Estos episodios suelen ser más breves, pero curiosamente se recuerdan mucho más.

✪

—¿Qué son los sueños lúcidos?

—Tienen lugar cuando en un sueño, de repente, te das cuenta de que estás soñando. Es un estado muy poderoso, porque te permite explorar la mansión a voluntad. Con esa lucidez no te será difícil dar con los espejos.

—Pero cuando yo sueño, pienso que aquello está sucediendo en realidad –repuse.

—Y efectivamente está sucediendo, pero en un lugar diferente del mundo que conocemos en la vigilia. La clave está en soñar y ser capaces, a la vez, de controlar nuestros pasos dentro del sueño.

—Eso me parece muy difícil.

—Con un poco de práctica, se moverás a sus anchas. Para alcanzar la lucidez basta con que se dé cuenta de que está en un sueño.

—¿Y cómo se hace eso?

—Hay muchas técnicas para lograrlo, pero es indispensable prestar atención, aunque estés durmiendo. En los sueños, el mundo conocido suele tener fallos, como si los que montan el escenario hubieran trabajado con prisas: puede que las puertas y ventanas no estén donde suelen estar, que se mezclen elementos de diferentes personas o lugares, o bien que sucedan cosas que desafían la lógica terrestre: ya sabe, elevarse por los aires y todo eso. Cuando detecte uno de estos signos, debe decirse «estoy soñando».

¿CÓMO PROVOCAR LOS SUEÑOS LÚCIDOS?

Los sueños tratan de transmitirnos un mensaje,
pero no lo hacen en el lenguaje de la vigilia.
GAIL GODWIN

Para ejercitarse en los sueños lúcidos es importante estar atentos a las propiedades que hemos visto en el capítulo anterior. Las personas que tienen dificultades para recordar los sueños –aquellas que aseguran que «no sueñan nunca», lo cual es imposible– tendrán que realizar un trabajo previo para acceder a la lucidez.

Además de la lectura de este libro, será importante que pongan en marcha su diario de sueños (ver anexo 1) para ir «despertando» progresivamente sus episodios nocturnos, puesto que una de las condiciones para desarrollar la lucidez es reconocer cuándo se está soñando.

En todo el mundo cada vez son más comunes los talleres de sueños lúcidos. En ellos, además de una introducción teórica, realizan ejercicios para entrar en ese estado que combina la conciencia y el inconsciente.

Los especialistas occidentales trabajan básicamente con tres métodos para desatar los sueños lúcidos:

1. DILD
(Dream Induced Lucid Dreaming: lucidez inducida por el sueño)

Es la forma más común de acceder a la lucidez, ya que puede obtenerse de manera espontánea. El proceso sigue el itinerario mencionado antes:

a) La persona tiene un sueño común.
b) Por algún motivo se da cuenta de que está soñando.
c) Inmediatamente se desata la lucidez.

Puesto que el punto «b» es el detonante de la lucidez, los instructores recomiendan a los onirautas –nuestra manera de llamar a los soñadores lúcidos– que lleven un diario de sueños. Es decir, deberíamos tener un bolígrafo y una libreta al lado de la cama donde registrar nada más despertar aquellas escenas o diálogos que recordemos de nuestros sueños. Por lo general recabaremos información del último episodio antes de despertar.

Si antes de hacer eso nos levantamos para asearnos o preparar café, es muy posible que cuando nos plantemos frente a la libreta se haya desvanecido casi la totalidad del sueño.

II. WILD
(Wake Induced Lucid Dreaming: lucidez inducida por la vigilia)

Como su nombre indica, este método está diseñado para que la persona pase directamente de la vigilia al sueño lúcido sin interrumpir el hilo de conciencia. Los expertos aseguran que con esta técnica se logran las experiencias más intensas y espectaculares.

Para pasar sin transiciones de la conciencia al estado REM (Rapid Eye Movement: movimiento rápido de los ojos) en el que se desatan los sueños, debemos dormirnos con la voluntad expresa de mantenernos conscientes en cuanto abandonemos la vigilia.

Mariana Vernieri expone en varios vídeos de YouTube sobre los sueños lúcidos una técnica personal para lograr el WILD.

MEDITACIÓN PARA DESATAR LA LUCIDEZ

Lo más importante para lograr un WILD es un entorno de silencio y tranquilidad. Poca luz, ropa cómoda, retiramos anillos y cadenas. Nos aseguramos de que nadie nos va a interrumpir, y de dejar de lado las preocupaciones. Podemos ponernos algo que nos tape los oídos, como auriculares apagados o con música clásica o new age muy tranquila a volúmenes muy bajos.

Nos acostamos boca arriba, con los brazos al costado del cuerpo, las palmas hacia arriba. Podemos juntar los dedos índices con los pulgares. La cabeza levemente levantada por una almohada bien cómoda. Distendemos todos los músculos, nos aseguramos de que las mandíbulas no estén haciendo presión, y que la lengua no se apoye contra el paladar.

Comenzamos a concentrarnos en la respiración. Tratamos sólo de pensar en ella, dejando cualquier otro pensamiento de lado. Vamos contando cada inspiración, del 1 al 20. Si nos desconcentramos comenzamos de nuevo. Y cada respiración es un poco más lenta que la anterior.

Luego visualizamos una luz muy brillante y buena, de color verde fluorescente. La vemos acercarse a nuestra cabeza y penetrar en ella. Es una luz que alivia las tensiones y cura las dolencias.

Con cada respiración va recorriendo nuestro cuerpo dejándolo luminoso y relajado. Muy lentamente recorre cabeza, cuello, hombros, brazos... todos los órganos internos, de arriba hacia abajo para culminar, en el tiempo que necesitemos, en la punta de los pies. Cuando hemos terminado, vemos brillar todo nuestro cuerpo entero, sintiéndonos en un total estado de relajación.

En este punto hay dos caminos inversos para seguir, pero que, paradójicamente, a mí por lo menos me conducen al mismo resultado. Puede ser sentirse muy liviano, o, por el contrario, muy pesado. El cuerpo pide una de las dos alternativas. Si vemos que tiende a la liviandad, vamos haciéndonos tan livianos que sentimos que flotamos. Si vemos que nos pide rigidez, nos sentimos tan duros que no podemos movernos aunque lo deseemos. Sentimos que todos los músculos están rígidos y que el cuerpo nos pesa muchísimo sobre la cama.

De cualquiera de las dos formas, vamos entrando en un estado de relajación profunda. La voz más externa de la mente ya calló. Estamos en estado alfa. Si prestamos atención, iremos identificando «voces mentales» o pensamientos inconscientes que parecen absurdos y que se desvanecen con rapidez. Pueden ser voces de personas conocidas, la nuestra propia, o de cualquiera, diciendo frases sin sentido aparente. La tarea en este punto es tratar de retenerlas, identificarlas, entenderlas.

Luego de unos instantes de seguir en ese estado, además de las voces, se empiezan a formar imágenes dinámicas. Ésa es la señal de que estamos por entrar en sueño REM. El desafío es adentrarse en ellas, no dejarlas ir.

Cuando logramos hacer vívida y continuada una de esas escenas vamos sumergiéndonos en un sueño, y debemos procurar no perder la continuidad de la conciencia cuando finalmente entremos en él.

«Me estoy quedando dormido, la imagen que veo es un sueño, quiero entrar en él», nos decimos. Y si vemos a nuestro cuerpo onírico (a la imagen de nuestro propio cuerpo) nos sumergimos en él, y lo hacemos girar, diciendo: «No debo olvidarme de que éste es un sueño, yo tengo el control, yo lo manejo como quiera».

Si lo hacemos correctamente, a esta altura ya estaremos adentro. Entramos en un estado pleno de sueño lúcido, con todas las características del REM (si nos observan verán los rápidos movimientos oculares) y con plena conciencia, lo cual se demuestra no sólo vivencialmente, sino también a través de una diferente gráfica en el electroencefalograma.

MARIANA VERNIERI

III. MILD (Mnemonic Induced Lucid Dreaming: lucidez inducida por mnemotecnia)

Esta técnica es un poco más sencilla que la anterior. Consiste en interrumpir el sueño de madrugada para recordarlo con viveza y, veinte minutos después, acostarse para entrar de nuevo en el episodio.

Parte del supuesto que recordar un sueño nos ayuda a reingresar en él. Los especialistas recomiendan dedicar los minutos intermedios a actividades que estimulen el hemisferio izquierdo del cerebro: hacer cálculos mentales, jugar al ajedrez, echar un solitario…

El objetivo es mantener activa la mente lógica mientras el cuerpo pide volver a dormir. De nuevo en la cama, puede realizarse la meditación sugerida antes, para la que no hará falta relajación porque el cuerpo está cansado y hemos soñado recientemente.

La cuarta puerta: el método tibetano

Mucho más antiguo que los métodos expuestos antes es el «yoga del sueño», cuyo procedimiento veremos en el siguiente capítulo.

Esta ancestral técnica tibetana enseña al practicante a mantenerse lúcido durante el sueño. Parte de estos cinco principios:

1. Los sueños se pueden alterar a través de la voluntad y la atención.
2. Los sueños son inestables, impermanentes e irreales, como las fantasías, las ilusiones mágicas, los espejismos y las alucinaciones.
3. Las percepciones diarias de la vigilia son igualmente irreales.
4. Toda la vida sucede aquí y ahora, luego se desvanece como un sueño; no hay nada a lo que asirse.
5. Trabajar con nuestros sueños nos ayuda a perfeccionarnos y a alcanzar el equilibrio y la unidad.

EL YOGA DEL SUEÑO

Los sueños son una reserva de conocimiento y experiencia.
Sin embargo, raramente los aprovechamos
como vehículo para explorar la realidad.

TARTHANG TULKU

El budismo tibetano da mucha importancia a los sueños porque los considera tan reales –y al mismo tiempo irreales– como la vida misma.

Puesto que son un espejo de nuestra propia alma, los monjes utilizan los sueños para conocerse mejor, así como para entender su relación con el mundo que los rodea. En este sentido, la lucidez es un medio diferente para penetrar en la naturaleza de la realidad y acceder a otras dimensiones de la experiencia.

La diferencia entre las técnicas de lucidez onírica de los psicólogos occidentales y el yoga tibetano del sueño es que este último va mucho más lejos, ya que trabaja incluso con la transición de la vida a la muerte.

UN CUERPO ESPECIAL PARA SOÑAR

El budismo tibetano considera el sueño como otra clase de alimento. Es comida que restaura y refresca el cuerpo. [...] Hay un estado especial para el sueño. En ese estado, disponemos de un cuerpo especial para soñar que se crea de la mente y de la energía vital (*prana*) que reside en nuestro cuerpo. Este cuerpo especial para soñar es capaz de disociarse completamente del cuerpo físico para viajar a cualquier parte.

DALAI LAMA

Tres grados de lucidez

Una técnica básica para lograr este cuerpo especial es reconocer el sueño en el momento en el que se inicia. Tomar conciencia de ello hace que podamos moldear el sueño a voluntad, aunque nuestra pericia aumentará a medida que adquiramos más experiencia en la lucidez.

Los onirautas familiarizados con el yoga del sueño llega un momento en que, además de moverse con libertad por el episodio onírico, son capaces de determinar previamente cuál será el escenario y sus protagonistas.

En el grado más elevado de esta técnica, el soñador logra despegarse por completo del cuerpo –el sueño ya no tiene lugar en su interior– para viajar a otros lugares a su antojo. Veremos con detalle este tipo de experiencias en el capítulo siguiente.

Los monjes tibetanos utilizan en ocasiones el prana yoga para este mismo fin. Es un ejercicio de meditación que moviliza las energías más sutiles del cuerpo y requiere asimismo detectar el sueño en cuanto se desata.

Tipos de sueños según el budismo tibetano

El yoga tibetano clasifica los sueños en tres categorías diferentes según su naturaleza:

1. **Sueños kármicos:** tienen su origen en nuestras actividades diarias, pero también en experiencias que han tenido lugar en vidas pasadas; para los budistas tibetanos, ésta es la categoría de los sueños ordinarios.
2. **Sueños de «luz clara»:** visiones espirituales, bendiciones y transmisión de energías.
3. **Sueños lúcidos:** se caracterizan por la conciencia que mantiene el individuo mientras está soñando.

Además de estos tres grandes grupos, hay otras seis categorías en las que se pueden dividir los sueños:

1. Sueños sobre acontecimientos que sucedieron en la vigilia.
2. Sueños sobre otras personas, tanto vivas como muertas.
3. Recuerdos y pulsiones olvidadas que emergen del inconsciente.
4. Arquetipos y símbolos evocativos.
5. Percepciones extrasensoriales, sueños profundos y presagios.
6. Sueños espirituales.

Esta clasificación puede ser útil para poner en orden las entradas que vamos incorporando a nuestro diario de sueños. Al delimitar el sueño, nos resultará más sencillo analizarlo y, si se da el caso, comprender el mensaje que trata de transmitirnos.

Estrangular al vampiro

Uno de los libros más importantes publicados sobre el tema se llama justamente **El yoga de los sueños,** de Namkhai Norbu, uno de los grandes linajes del budismo tibetano. Entre los occidentales que han estudiado con más profundidad esta tradición espiritual destaca el psicólogo Michael Katz, especialista en yoga del sueño que ha estado treinta años al lado del maestro.

En sus conferencias explica que el estado del sueño es el mismo que el del bardo –la transición de una vida a la siguiente–, por lo que si el individuo se mantiene lúcido durante el sueño, también lo estará ante la muerte.

Antes de ese momento de traspaso, sin embargo, los sueños lúcidos son un importante instrumento terapéutico.

Katz cuenta que en uno de sus cursos una mujer enferma de cáncer le confesó que tenía un sueño recurrente en el que un vampiro le chupaba la sangre. Convencido de que guardaba relación con su dolencia, el psicólogo le enseñó cómo alcanzar la lucidez para que pudiera estrangular al vampiro y liberarse de él. Eso la liberó de su baja autoestima y le permitió afrontar con mayor energía su enfermedad.

A fin de alcanzar la lucidez, la paciente se ejercitó para reconocer las cosas inusuales que suceden en los sueños. Con ello pudo tomar conciencia de que estaba soñando y alcanzó inmediatamente la lucidez. Sólo entonces pudo estrangular al vampiro.

En palabras del propio Michael Katz: «Tener un sueño lúcido es como aprobar el examen de conducir. Los sueños lúcidos te hacen crecer y, a medida que tienes más sueños lúcidos, vas cambiando y controlando las respuestas y abriendo nuevas preguntas».

LUCIDEZ Y VIAJES ASTRALES

Los sueños son excursiones al limbo de las cosas,
casi una liberación de la prisión humana.
HENRI AMIEL

Algunos onirautas muy experimentados aseguran poder despegarse de su cuerpo y verse desde fuera, e incluso viajar a otros lugares de los que previamente no tenían conocimiento. Estamos hablando de viajes astrales.

Aunque están relacionados entre sí, la diferencia fundamental entre un sueño lúcido y un viaje astral es que el primero tiene lugar dentro de los confines de la mente, mientras que el segundo supone una salida física del cuerpo, ya que uno puede contemplarlo como algo exterior y moverse a voluntad por el espacio de la vigilia.

Ésta no es la única experiencia de percepción extrasensorial que se asocia a los sueños lúcidos. Puesto que se trata de un estado de conciencia alterado, existen abundantes testimonios de personas que en sueños…

- presencian acontecimientos futuros;
- recuerdan vidas pasadas;
- se reúnen con maestros o incluso divinidades;
- visitan a otras personas que están soñando;
- se comunican con los muertos.

Los investigadores más rigurosos han realizado en laboratorio todo tipo de experimentos para confirmar o rechazar la autenticidad de estas vivencias, que a menudo implican un viaje astral.

Éstas son las pruebas más comunes y fiables que puede realizar cualquier persona desde su casa:

- Decidir con un amigo o familiar que van a encontrarse en sueños. Cada uno de los onirautas registrará en su diario el episodio vivido para luego cotejarlo con el de su compañero.
- Acudir en el sueño lúcido –o viaje astral– a una persona que no conoce nuestro experimento y darle un mensaje. Al día siguiente le preguntaremos si ha recibido algún tipo de inspiración.
- Obtener una información que no se conoce de antemano. Por ejemplo, el aspecto de un apartamento en el que nunca hemos estado, o el contenido de un libro que no hemos leído. Al día siguiente se comprueba si la información es correcta.

¿Qué es un viaje astral?

Un viaje astral es una experiencia extracorporal que se suele provocar de forma deliberada, aunque también puede suceder espontáneamente. En su transcurso, la persona siente que se despega de su propio cuerpo hasta flotar por encima de él como algo separado.

Es una sensación, de hecho, impactante que puede aterrorizar a la persona si no se ha preparado de manera conveniente para la experiencia. El viaje astral no es en sí desagradable –de hecho, abre un mundo de posibilidades placenteras–, pero el temor a no poder regresar al cuerpo puede causar un pánico paralizante.

Según las estadísticas de las que disponemos, los viajes astrales son mucho más frecuentes de lo que la gente imagina. Se estima que la tercera parte de las personas ha tenido esta experiencia al menos una vez en la vida.

Algunos especialistas aseguran que, durante el viaje, el cuerpo astral se despega del cuerpo físico y queda unido a él por un delgado hilo plateado que surge del plexo solar. Sin embargo, este sutil anclaje no impide a la persona viajar a voluntad por el espacio de la vigilia.

A menudo estas experiencias extracorporales van acompañadas de vibraciones, zumbidos o sonidos extraños. Tras el viaje, el retorno debe ser muy paulatino y relajado, porque el cuerpo necesita su tiempo para volver a recuperar el movimiento.

Los científicos más ortodoxos sostienen que los viajes astrales son simples alucinaciones o bien un tipo especial de sueño. En este caso estaríamos hablando de los sueños lúcidos.

¿Cómo se realiza un viaje astral?

Antes de llevar a cabo esta vivencia extracorporal, se aconseja haber comido o cenado muy frugalmente. Un atracón hará que la persona se sienta pesada, lo que no facilita el viaje.

Como pista de despegue elegiremos una habitación tranquila, donde tengamos la seguridad de que no va entrar nadie durante la experiencia, ya que podría resultar peligroso. La iluminación debe ser muy suave y la temperatura, confortable.

Una vez tumbados boca arriba en la cama, con las piernas y las manos sin tocar el cuerpo, iniciaremos los preparativos del viaje:

1. Se empieza relajando el cuerpo con ayuda de la respiración, que debe ser lenta y profunda –sin que se oiga el paso del aire por la nariz–, y debe implicar el estómago, los pulmones y las clavículas, que se levantarán ligeramente al llenarse de aire la caja torácica. Luego se libera el aire del mismo modo, pero en el orden inverso.
2. Tras cinco minutos de respiración profunda, sentiremos cómo el cuerpo se relaja por completo. Dejamos de notar los pies, luego las piernas y, poco a poco, el resto del cuerpo hasta llegar a la cabeza. La sensación es como si flotáramos algunos milímetros por encima del colchón.
3. Llegamos al momento decisivo: con los ojos abiertos, nos concentramos en un objeto o punto del techo y dirigimos toda nuestra concentración a ese punto, como si deseáramos llegar hasta él. Cuando notemos que un sopor se apodera de nosotros –pero sin perder la conciencia–, daremos a nuestro cuerpo astral la orden de salida a través de las cejas, focalizando toda la atención en el lugar al que queremos llegar.

Estrategias de despegue

Algunas personas tienen más dificultades que otras a la hora de emprender su primer viaje astral. Además de recomendarles que no pierdan nunca la calma interior –imprescindible para que la experiencia sea positiva–, estos trucos adicionales pueden servir para dar el salto definitivo:

- Visualizar el doble de uno mismo y transportarse dentro de él mientras se eleva.
- Imaginar la propia imagen en un espejo imaginario en el techo e impulsarse mentalmente hacia él.
- Experimentar cómo el cuerpo sale aspirado por la cabeza.
- Sentir que se es succionado por un suave pero irresistible remolino ascendente.
- Visualizar que una cuerda invisible tira con fuerza del cuerpo hasta despegarlo del colchón.

EL GENIO INTERIOR

Lo que tomo de las noches
lo añado a mis días.

LÉON DE ROTROU

Además de ser un espacio paralelo en el que vivir experiencias nuevas y sorprendentes, los sueños –tanto los lúcidos como los comunes– han sido utilizados en todas las épocas para resolver problemas y hacer todo tipo de descubrimientos.

Los sueños son una poderosa fuente de información alternativa que nos da acceso a soluciones que quedan fuera de las coordenadas de la vigilia. Problemas que no hallan solución durante el día se resuelven misteriosamente por la noche, como si un genio se pusiera a trabajar mientras dormimos para facilitarnos una respuesta la mañana siguiente.

En este sentido, la autonomía de la que gozamos durante los sueños lúcidos puede incrementar aún más la eficacia del mundo onírico para resolver problemas. La práctica habitual de la lucidez multiplica la efectividad de este recurso maravilloso.

Para ello es importante programar antes de acostarnos aquello que necesitamos que el sueño nos revele, ya sea directamente o tras la interpretación en nuestro diario de sueños.

La técnica es bien sencilla: anotaremos en una hoja de papel aquello que necesitamos saber y, una vez en la cama, leeremos varias veces la consulta –como un suave mantra– antes de dormirnos. Sólo despertar hay que anotar enseguida los sueños que recordemos, porque en ellos puede ocultarse la respuesta que buscamos.

Científicos, políticos, empresarios y artistas de todas las épocas han logrado abrir en sueños puertas que permanecían cerradas durante la vigilia.

Algunos casos célebres

Hipócrates, el médico más respetado de la antigüedad, aseguraba que los sueños eran uno de los modos más importantes de diagnosticar una enfermedad.

Por su parte, el emperador Constantino soñó que unas radiantes letras griegas formaban el nombre de Cristo. Esto hizo que se convirtiera de inmediato y tuvo como consecuencia la implantación del cristianismo en todo el Imperio bizantino.

En la era moderna, uno de los casos más célebres es el de Abraham Lincoln, que soñó días antes en el asesinato del que sería la víctima. En el sueño, el presidente que abolió la esclavitud en Estados Unidos oía lloros dentro de la Casa Blanca. Procedían de la Habitación Este, donde en sueños vio un cadáver rodeado de personas que lloraban su pérdida. Al preguntar quién era el muerto, le respondieron: «Es el presidente. Ha sido asesinado».

En abril de 1865, pocos días después, Abraham Lincoln murió de un disparo en el teatro de Washington. Su cuerpo se expuso en la Habitación Este de la Casa Blanca, exactamente como lo había soñado.

Dieciocho años después, Edward Samson, un periodista de Boston, se quedó dormido en su oficina, donde se levantó a las tres de la madrugada tras tener una horrible pesadilla. Había soñado con miles de personas que corrían hacia el mar bajo una lluvia de lava. Vio barcos hundidos por olas gigantescas mientras una explosión volcánica destruía una isla entera.

El sueño había sido tan intenso que decidió anotarlo en un papel que dejó en su mesa. Al día siguiente, el editor del periódico leyó la historia y pensó que se trataba de un suceso real. Samson tuvo que explicar que sólo había sido un sueño.

Poco después comprobaron que, mientras el periodista estaba durmiendo, el volcán Krakatoa había entrado en erupción en una isla cerca de Java. Murieron 36 000 personas y docenas de barcos se hundieron por el oleaje que acompañó la erupción. Fue una de las erupciones volcánicas más mortíferas de la historia de la humanidad.

Descubrimientos nocturnos

Uno de los ejemplos más citados de ayuda a través de los sueños fue el del químico alemán Friedrich Kekulé, quien en 1890 confesó ante sus colegas de profesión que el descubrimiento de la estructura molecular del benceno –punto de partida de la química moderna– le había llegado como una revelación a través de un sueño.

Otro científico célebre, Niels Bohr, tuvo una experiencia parecida en sus tiempos de estudiante. El padre de la física atómica soñó con un sol alrededor del cual pasaban silbando planetas que estaban unidos a él por un fino filamento. Una vez despierto, tuvo el convencimiento de haber dado con el modelo del átomo.

Existen miles de testimonios como éstos para los que ponen en tela de juicio la naturaleza reveladora de los sueños.

Para los que no aspiramos al Nobel de Física o Química, los sueños lúcidos siguen teniendo un valor incalculable, ya que nos permiten realizar descubrimientos filosóficos –o de carácter más íntimo– que pueden marcar un antes y un después en nuestra vida.

EL CEREBRO DESCONOCE LA MUERTE

Yo tuve la suerte de tener mi primer sueño lúcido a los diecisiete años. En ese sueño yo estaba en un cine en el que se proyectaba una película de dibujos animados digna de Dalí. De pronto me vi sentado en el centro de la sala y supe que estaba soñando. Miré hacia la salida, pero, como no era más que un adolescente carente de toda cultura espiritual o psicoanalítica, pensé: «Si cruzo esa puerta, entraré en otro mundo y moriré». ¡Y sentí pánico! Mi única solución era despertarme, por lo que hice enormes esfuerzos para salir del sueño, hasta el momento en que sentí que ascendía desde las profundidades hacia mi cuerpo, que parecía estar situado en la superficie. Me reintegré a mi envoltura y desperté. Así fue mi primera experiencia, y me pareció francamente aterradora. A partir de entonces empecé a familiarizarme poco a poco con el sueño lúcido.

En algún punto comencé dirigiendo un juego. Me decía: «Quiero ver pasar elefantes en África». Y a los pocos segundos estaba en África, viendo pasar una manada de elefantes. Podía cambiar de decorado, desear ir al polo sur y luego ver miles de pingüinos... Esto me producía tanta felicidad que acababa por despertarme. Después he experimentado todo tipo de vivencias sobre mí mismo. Una vez quise saber qué era morir: me arrojé desde lo alto de un edificio y me estrellé contra el suelo. Inmediatamente, me encontré vivo en otro cuerpo, entre la multitud que miraba el cadáver del suicida. Así descubrí que el cerebro desconoce la muerte.

ALEJANDRO JODOROWSKY, *Psicomagia*

PREGUNTAS Y RESPUESTAS

La mejor razón para soñar
es que durante el sueño no hay razones.
ASHLEIGH BRILLIANT

Para cerrar esta sección, veremos algunas de las preguntas más frecuentes que se plantean muchas personas sobre el acto de dormir y los sueños en particular. Algunas responden a tópicos aceptados generalmente, pero no tienen ninguna base científica.

1. ¿Para qué sirve dormir?

No existe una respuesta única y definitiva a esta pregunta. Lógicamente, dormimos para reponer energías y estar despiertos durante el día. Una hipótesis evolucionista sugiere que dormimos porque durante la oscuridad somos más vulnerables y la palidez del sueño hace que parezcamos cadáveres y, por lo tanto, seamos una presa menos suculenta para nuestros posibles depredadores. Otra teoría afirma que dormimos para poder soñar, aunque tampoco hay acuerdo entre los científicos sobre el porqué de los sueños.

2. Si no durmiéramos, ¿moriríamos?

Está comprobado que nadie puede vivir sin dormir más de cuatro días. Compartimos esta necesidad con la mayoría de animales, y no sólo los mamíferos. También las aves y los peces necesitan dormir para sobrevivir.

3. ¿Por qué soñamos?

Sigmund Freud creía que el sueño era una vía de expresión para los deseos inconscientes. Teorías más modernas sugieren que durante el sueño conservamos y afianzamos la información que hemos almacenado durante la vigilia. Algunos investigadores afirman que los sueños son difíciles de recordar porque constan de información destinada al olvido, y que por eso es pernicioso querer recuperarlos. Evidentemente, los especialistas en sueños lúcidos no piensan así.

4. ¿Hay personas que no sueñan nunca?

Desmentido. Todas las personas tienen sueños, lo que sucede es que algunas no logran recordarlos. Con las técnicas adecuadas y la ayuda de un diario de sueños todo el mundo es capaz de recordar parte de su mundo onírico. Prueba de ello es que cuando se despierta a alguien a mitad de la noche, cuenta de manera muy vívida lo que estaba soñando.

5. ¿Sueñan los animales?

No disponemos de suficiente información en el caso de animales inferiores, pero se ha demostrado que los mamíferos tienen, mientras duermen, una actividad cerebral parecida a la de los humanos. Los perros y gatos, por ejemplo, mueven las patas, gruñen o gimen mientras duermen, como si pasaran por alguna aventura.

6. ¿Son los sueños mucho más breves de lo que nos parecen?

Es cierto que en la mayoría de sueños hay escenas que apenas duran unos pocos segundos, aunque al recordarlos después parecen más largos. Eso se debe a que en ellos la información está comprimida y no se dan las largas pausas que en la vida separan unos acontecimientos de otros. Sin embargo, se ha comprobado que hay episodios nocturnos que superan la media hora.

7. ¿Perdemos nuestra moralidad cuando soñamos?

Esto es lo que afirmaba Freud, y es verdad que en los sueños estamos más cerca de nuestros instintos. Sin embargo, especialmente en los sueños lúcidos, tenemos una importante capacidad de discernimiento. Tal vez dejemos atrás ciertos prejuicios o complejos, pero seguimos guiándonos por un código propio.

8. ¿Es peligroso despertar a un sonámbulo?

Estudios recientes han demostrado que el sonambulismo no está vinculado de un modo directo con la fase REM, que es cuando tienen lugar los sueños. En cualquier caso, hay que ser cuidadoso al despertar a un sonámbulo –lo cual no es tan fácil, ya que duermen profundamente–, porque se sentirá confuso y desorientado.

9. ¿Por qué a veces hablamos en sueños?

La mayoría de las personas, aunque es más común en los niños, dicen de vez en cuando palabras o frases sueltas mientras sueñan. Sin embargo, si preguntamos a estas personas, por lo general no obtendremos respuesta. Eso se debe a que las funciones cerebrales necesarias para la respuesta no están activadas. No obstante, se desconoce por qué se produce este fenómeno.

10. ¿Hay personas que sueñan sólo en blanco y negro?

Eso podría ser verdad, aunque no existe una explicación convincente. De hecho, en los laboratorios del sueño casi todos los pacientes informan sobre los colores. Muchas personas afirman que sueñan en blanco y negro, aunque no disponemos de medios para comprobar si eso es cierto. Es posible que presten más atención a otros detalles que a los colores.

EL PALACIO DE LOS ESPEJOS

LOS SUEÑOS COMO ENTRADA AL INCONSCIENTE

Los sueños son ilustraciones del libro
que tu alma escribe sobre ti.
MARSHA NORMAN

Antes de abrir la puerta al inconsciente y sus misterios, veremos muy brevemente las cuatro fases de sueño por las que pasamos mientras dormimos:

1. **Sueño hipnagógico.** Se da en un estado de transición entre la vigilia y el sueño. Puede durar entre 1 y 7 minutos, y vemos imágenes fijas o escuchamos frases inconexas. La persona mantiene los ojos cerrados y tiene la musculatura relajada, con una respiración regular que se instala de manera natural. Curiosamente, si se despierta a la persona durante esta etapa, nos dirá que aún no ha dormido.
2. **Sueño superficial.** La persona está durmiendo de verdad, pero todavía se despierta con mucha facilidad.
3. **Sueño moderadamente profundo.** Unos 20 minutos después de la fase anterior, las funciones vitales se ralentizan. La temperatura corporal y la presión arterial disminuyen un poco. En esta fase podemos dormir sin que nos despierten los estímulos exteriores.
4. **Sueño profundo.** Los músculos alcanzan su máxima relajación y resulta difícil despertar a la persona. Sólo pasamos el 15 % de

nuestras horas de sueño en este estado. Desde aquí se regresa a la fase 3, que es cuando tiene lugar el sueño REM, cuando entramos en los episodios nocturnos de los que nos ocupamos en este libro.

Cada ciclo completo por las cuatro fases dura aproximadamente una hora. Una vez concluido, volvemos en orden inverso hasta la fase 1. Sin embargo, antes de iniciar el ciclo de nuevo, nuestros ojos se mueven con rapidez bajo los párpados. Es lo que llamamos REM, que son las siglas de *rapid eye movement.*

Los laboratorios del sueño han demostrado que es en este momento cuando se desatan los sueños, que suponen un 20 o un 25 % del tiempo que dormimos.

Para desarrollar la lucidez hay que mantener un grado importante de conciencia justo en los períodos REM, cuya duración oscila de unos minutos hasta media hora.

Bienvenidos al inconsciente

Los científicos de miras más estrechas han contemplado los sueños como una sucesión de imágenes y escenas sin sentido, producto arbitrario de una actividad mental que sigue activada mientras el cuerpo descansa.

Sin embargo, desde hace más de un siglo –en especial, desde que Freud inició sus investigaciones del inconsciente–, sabemos que los sueños son algo mucho más importante: nada menos que la vía de acceso más directa a nuestro inconsciente.

El psicoanálisis remarca que la mente consciente es apenas la punta del iceberg de nuestra mente. La mayor parte está sumergida y forma lo que llamamos inconsciente.

Cada vez que soñamos es como si nos enfundáramos un traje de buzo que nos permite explorar el fondo de este fascinante territorio personal.

Bajo los hielos de la mente consciente encontraremos un tesoro tan inmenso como sorprendente, ya que allí está almacenada toda la información que recibimos desde el nacimiento.

Al igual que la memoria temporal de los ordenadores, la mente consciente sólo puede mantener en primer plano una pequeña parte de la información que va asimilando. El resto se almacena en el inconsciente, y duerme allí hasta que, bajo la forma de onirauta, nos atrevemos a explorarlo y recuperarlo.

La hipnosis ha demostrado que nada importante se pierde. Es más, esta información no duerme tan plácidamente en el fondo de nuestra mente, ya que de un modo u otro está condicionando nuestros impulsos y sentimientos, aunque no seamos «conscientes» de ello.

Cuando nos acostamos cada noche, la mente consciente «se apaga» hasta el día siguiente.

El inconsciente permanece de guardia sin descanso, pero debemos esperar a que la conciencia de vigilia se desactive para poder tener libre acceso a él.

En el siguiente capítulo conoceremos de la mano del padre del psicoanálisis el lenguaje universal –constituido por símbolos y simplificaciones– con el que nos habla el inconsciente, nuestro tesoro más profundo.

—Es como si viviéramos en una casa magnífica de la que sólo conocemos el sótano: eso es la conciencia. Al soñar, abandonamos el sótano y nos perdemos por los corredores y escalinatas de nuestra mente. ¿Me sigue?

—Por supuesto –dije seducida por aquella explicación.

—Entramos en habitaciones secretas que nos dan miedo, así como en trasteros que no tienen utilidad alguna. Si tenemos suerte, podemos acceder a salas inundadas de una claridad y belleza embriagadoras. Sus ventanales dan a deliciosos paisajes, con senderos que llevan a territorios nunca imaginados.

—Creo que no he estado en un lugar así desde niña.

—En la mansión del inconsciente también encontramos personas –dijo el profesor haciendo caso omiso a mi comentario–. Algunas nos resultan familiares y otras, totalmente desconocidas. Depende de la puerta que abras,

puede aparecerte un bello príncipe o un monstruo terrorífico. Pero unos y otros tienen algo que enseñarnos.

—Como en los cuentos.

—Algo así. Los sueños son cuentos que nos lee el inconsciente, y muchos de ellos tienen un mensaje en clave. Nuestra misión es descifrarlos, porque tienen algo importante que comunicarnos.

FREUD: BAJO EL ICEBERG

La mente es un iceberg:
sólo una séptima parte de ella emerge sobre el agua.

SIGMUND FREUD

Sigmund Freud ha sido, sin duda, una de las personalidades que más han influido en la concepción moderna del ser humano. La cultura y las ciencias actuales son inconcebibles sin sus aportaciones sobre el inconsciente.

Nacido en 1856 en la actual República Checa, se educó y llevó a cabo sus investigaciones en Viena hasta los últimos años de su vida, cuando perseguido por el nazismo se vio obligado a exilarse a Londres.

Sobre sus descubrimientos, el mismo Freud decía que a lo largo de la historia el ser humano ha sufrido tres grandes humillaciones:

1. La demostración de Galileo de que no somos el centro del Universo.
2. El descubrimiento de Darwin de que no somos la obra cumbre de la Creación.
3. Su constatación de que no tenemos el control sobre nuestra propia mente.

Tras sufrir inicialmente el rechazo frontal de las instituciones académicas, su explicación de los niveles de la mente son los pilares en los que se sustenta la psicología moderna.

Además de un teórico fundamental sobre la mente, Sigmund Freud fue un reputado terapeuta, que exploraba el inconsciente de sus pacientes para hallar los traumas infantiles o emociones reprimidas que originaban sus problemas emocionales.

Una mirada nueva sobre los sueños

Entre los numerosos avances que procuró a las ciencias humanas, Freud descubrió que bajo la superficie de la conciencia yacen enterradas las emociones reprimidas a las que tenemos acceso a través de los sueños. En ese sentido, consideraba fundamental explorar el mundo onírico para recobrar el equilibrio perdido.

Sigmund Freud fue el primer científico moderno que dedicó a los sueños la atención que merecían. Veía los episodios nocturnos como una forma de dar satisfacción a deseos reprimidos o frustrados, buena parte de ellos de índole sexual.

Sin embargo, entendió de buen principio que el inconsciente no se manifiesta en los sueños tal como estamos acostumbrados en la vigilia, sino que lo hace con un lenguaje y simbología propios que el terapeuta –o el propio paciente– debe desentrañar.

SIMBOLOGÍA DE LOS SUEÑOS

Aun cuando los estudios sobre los símbolos del sueño se hallan muy lejos todavía de un resultado definitivo, podemos ya establecer con seguridad toda una serie de afirmaciones generales y datos particulares que las confirman. Existen símbolos que pueden interpretarse casi siempre del mismo modo. Así, el emperador y la emperatriz (rey y reina) representan a los padres; las habitaciones son símbolo de la mujer y sus accesos significan las aberturas del cuerpo humano. La mayoría de los símbolos oníricos sirve para la representación de personas, parte del cuerpo y actos que poseen interés erótico. Particularmente, los genitales pueden ser representados por una gran cantidad de símbolos, con frecuencia sorprendentes en extremo. Los más diversos objetos son empleados para la designación simbólica de los genitales. Cuando agudas armas y objetos alargados y rígidos tales como troncos de árbol o bastones representan los genitales masculinos, y armarios, cajas, coches o estufas los femeninos, el tertium comparationis, lo común de tales sustituciones nos es inmediatamente comprensible; mas no en todos los símbolos nos es tan fácil la aprehensión de las relaciones de enlace. Símbolos como el de la escalera o del subir, para el comercio sexual, el de la corbata para el miembro masculino y el de la madera para el órgano femenino excitan nuestra duda en tanto que no llegamos por otros caminos al conocimiento de las relaciones simbólicas. Además, muchos de los símbolos del sueño son bisexuales y pueden referirse a los genitales masculinos o a los femeninos, según el contexto en que se hallen incluidos.

SIGMUND FREUD, *Los sueños*

La interpretación de los sueños

En su obra más importante sobre el mundo onírico, Freud empezó utilizando sus propios sueños como ejemplos para ilustrar sus tesis. A la hora de interpretarlos, divide el sueño en dos partes bien diferenciadas:

1. **Significado manifiesto:** es el argumento, escenas y personajes que el sueño muestra en un nivel superficial de lectura.
2. **Significado latente:** tras una lectura en profundidad –interpretando los símbolos en relación con la situación de la persona– extraemos el verdadero mensaje del sueño.

Ante la pregunta de por qué los sueños nos hablan en un lenguaje codificado, Freud respondía que es un ardid del inconsciente para burlar los severos filtros de la mente consciente, que trata de evitar que estos deseos o pulsiones alcancen la superficie.

El carácter casi jeroglífico de algunos sueños responde a esa necesidad de superar la censura a la que la conciencia somete a la parte sumergida del iceberg. En ese sentido, el psicoanalista es un descifrador que se halla en cada sueño ante su «piedra Rosetta» particular.

En *La interpretación de los sueños,* Freud hace referencia a los «sueños típicos», que son aquellos que se dan de forma recurrente en todas las personas y culturas. Algunos de los más frecuentes son:

- **Vuelo:** los sueños en los que nos vemos volando son una reminiscencia del sentimiento infantil que persiste en nosotros, además de la expresión de un deseo de mayor libertad.
- **Muerte de seres queridos:** Freud presta especial atención a la muerte de la figura del padre para explicar las relaciones edípicas y los dos ingredientes básicos de la mayoría de los sueños: la sexualidad y la muerte.
- **Desnudez:** según su interpretación, este tipo de sueños nos remiten a la primera infancia desprovista de vergüenza que se presenta como un paraíso perdido.

UN SUEÑO RECURRENTE

El sueño de hallarnos desnudos o mal vestidos ante personas extrañas suele surgir también sin que mientras tiene lugar experimentemos sentimiento alguno de vergüenza o embarazo. Pero cuando nos interesa es cuando trae consigo tales sentimientos y queremos huir o escondernos, siendo entonces atacados por aquella singular parálisis que nos impide realizar movimiento alguno, dejándonos impotentes para poner término a la penosa situación en que nos hallamos.

[...]

En casi todos los sueños de este género queda impreciso el grado de nuestra desnudez. Alguna vez oiremos decir al sujeto que soñó hallarse en camisa, pero sólo en muy raros casos presenta la imagen onírica tal precisión. Por el contrario, suele ser tan indeterminada, que para describirla es necesario emplear una alternativa: «Soñé que estaba en camisa o en enaguas». Asimismo, lo más frecuente es que la intensidad de la vergüenza experimentada sea muy superior a la que el grado de desnudez podría justificar. En los sueños de los militares la desnudez queda muchas veces sustituida por un traje antirreglamentario. Así, sueñan haber salido sin sable, o sin gorra, hallándose de servicio, o llevar con la guerrera unos pantalones de paisano y encontrar en la calle a otros oficiales, etc.

Las personas ante las que nos avergonzamos suelen ser desconocidas, cuya fisonomía permanece indeterminada. Otro carácter del sueño típico de este género es que jamás nos hace nadie reproche alguno, ni siquiera repara en nosotros, con motivo de aquello que tanto nos avergüenza. Por lo contrario, la expresión de las personas que en nuestro sueño encontramos es de una absoluta indiferencia, o, como me fue dado comprobar en un caso especialmente claro, estirada y solemne. Todo esto da que pensar.

SIGMUND FREUD, *La interpretación de los sueños*

JUNG: LAS ESTANCIAS SECRETAS DEL ALMA

Aquel que mira afuera sueña.
Quien mira en su interior despierta.

C. G. Jung

Hijo de un clérigo protestante, el más célebre colaborador de Freud –aunque posteriormente se apartaría de él para seguir una línea de investigación propia–, Carl Gustav Jung nació en una pequeña localidad suiza en 1875.

Entre las aportaciones más trascendentes de este psiquiatra y psicoanalista están los arquetipos y el inconsciente colectivo. Muy resumidamente, Jung establecía la siguiente división en el inconsciente:

1. **Inconsciente personal:** los sentimientos e ideas reprimidos que se desarrollan a lo largo de nuestra vida.
2. **Inconsciente colectivo:** los sentimientos, ideas y recuerdos heredados y compartidos por toda la humanidad.

En esta segunda categoría están los llamados arquetipos: son personajes de alto valor simbólico que se dan en todas las personas y tradiciones. Eso explicaría por qué culturas que no han tenido contacto entre sí tienen en sus leyendas los mismos protagonistas: el anciano sabio, la bruja, el héroe, el mago…

Jung invitaba al conocimiento de estos símbolos compartidos para profundizar en la interpretación de los sueños.

Además de esta ambiciosa teoría, a este investigador suizo le debemos conceptos tan asumidos actualmente como la diferenciación entre el carácter introvertido y extrovertido, así como la teoría de la sincronicidad: cuando coinciden en el tiempo dos hechos entre los que no hay una relación causa y efecto, pero que de alguna manera están conectados entre sí.

Los sueños según Jung

A la hora de analizar los sueños, Jung tuvo muy en cuenta los amplios estudios de mitología que le llevaron a su teoría de los arquetipos.

Entendía que las escenas y personajes de nuestros sueños –también los lúcidos– no pueden tomarse de modo literal, ya que poseen una rica simbología.

Puesto que el inconsciente no es racional, nos habla a través de los símbolos, pero –aunque existan unos arquetipos comunes– eso no quiere decir que un mismo símbolo pueda significar lo mismo para todas las personas. Dicho de otro modo, si soñamos con un elefante, no tiene ningún sentido buscar qué quiere decir en un diccionario de sueños; lo que cuenta es lo que el elefante significa para nosotros.

Si en un sueño aparecen personas de nuestro entorno, por ejemplo, eso no quiere decir que el mensaje tenga relación directa con ellas. Lo importante son las cualidades que les asociamos.

Como buen científico, Jung era amigo de las clasificaciones y utilizó la las siguientes categorías para ordenar los sueños, que pueden ser:

- **Compensatorios:** nos muestran algo que hemos perdido y que desearíamos recuperar.
- **Pronosticadores:** gracias a la percepción extrasensorial, mientras soñamos somos capaces de presenciar acontecimientos futuros.
- **Arquetípicos:** personajes o símbolos del inconsciente colectivo nos transmiten un mensaje en forma de parábola.
- **Sincrónicos:** cuando un sueño muestra la coincidencia entre dos cosas que nos ocurren de forma separada, pero que parecen guardar una estrecha relación entre sí, aunque la relación causa-efecto no sea evidente.

Jung apuntaba que el inconsciente a menudo aparece en los sueños en forma de una mansión –el castillo de los espejos– en la que el onirauta penetra para descubrir sus secretos. Todo lo que nos pasa dentro de ella tiene un carácter especialmente vivo y significativo.

El siguiente relato del propio Jung es una buena muestra de este tipo de sueños.

LA MANSIÓN INTERIOR

Me encontraba en una casa desconocida para mí que tenía dos plantas. Era mi casa. Yo me hallaba en la planta superior. Allí había una especie de sala de estar donde se veían bellos muebles antiguos de estilo rococó. De la pared colgaban bellos cuadros antiguos. Yo me admiraba de que tal casa pudiera ser la mía y pensé: no está mal. Pero entonces no sabía qué aspecto tenía la planta baja. Bajé. Allí todo era mucho más antiguo y vi que esta parte de la casa pertenecía aproximadamente al siglo XV o XVI. El mobiliario era propio de la Edad Media y el pavimento de ladrillos rojos. Todo estaba algo oscuro. Yo iba de una habitación a otra y pensaba: ahora debo explorar toda la casa. Llegué a una pesada puerta y la abrí. Tras ella descubrí una escalera de piedra que conducía al sótano. Bajé y me hallé en una bella y abovedada sala muy antigua. Inspeccioné las paredes y descubrí que entre las piedras había capas de ladrillos. Ahora mi interés subió de tono. Observé también el pavimento que constaba de baldosas. En una de ellas descubrí un anillo. Al tirar de él se levantó la losa y nuevamente hallé una escalera. Era de peldaños de piedra muy estrechos que conducían al fondo. Bajé y llegué a una pequeña gruta. En el suelo había mucho polvo, huesos y vasijas rotas, como restos de una cultura muy antigua. Descubrí dos cráneos humanos semidestruidos y al parecer muy antiguos.

CARL GUSTAV JUNG, *Recuerdos, sueños y pensamientos*

Olvido y sombra

Sobre los prodigiosos descubrimientos que realizamos en los sueños, Jung lo atribuía a una sabiduría inconsciente que nunca está inactiva del todo. El ejemplo clásico que se pone en estos casos es cuando nos dirigimos a una habitación de nuestra casa y, de repente, no recordamos qué habíamos ido a buscar.

Podemos haber olvidado cuál era nuestra intención, pero nuestras piernas no lo han olvidado y nos dirigen sin dudar hasta nuestro destino. Algo parecido sucede en nuestros sueños, en los que tenemos acceso a cosas que creíamos desconocer.

Jung justificaba así este tipo de fenómenos: «La conciencia sólo puede mantener en plena claridad al mismo tiempo unas pocas imágenes y aún esa claridad fluctúa». Cuando dirigimos nuestra atención hacia otro punto, aquello que había iluminado la conciencia queda en sombras, pero sigue existiendo de forma subliminal.

Esto explica que seamos capaces de recordar –a menudo en sueños– pequeños acontecimientos muy lejanos que creíamos haber olvidado, como los ancianos que súbitamente cobran una conciencia clara de escenas de su infancia.

LA ESPADA DE LA LUCIDEZ CONTRA LOS MIEDOS

Todo lo que vemos no es más que un sueño dentro de otro sueño.

EDGAR ALLAN POE

En este capítulo vamos a volver a los sueños lúcidos desde su vertiente más terapéutica: como medio para desactivar las fobias.

Los pacientes que sienten pánico ante los lugares subterráneos, los insectos o los espacios abiertos –por poner sólo algunos ejemplos– son tratados con notable éxito por la psicología conductista a través de la llamada «terapia de exposición progresiva».

Como su nombre indica, el tratamiento consiste en exponer al paciente progresivamente a aquello que le desata la fobia. Por ejemplo, las personas que, tras una experiencia traumática, han desarrollado un miedo a salir de casa comienzan dando un paseo muy corto acompañadas de su terapeuta.

Estas salidas se van prolongando día a día hasta que el paciente adquiere suficiente confianza para continuar la práctica sin acompañamiento.

La curación se produce cuando la huella negativa que han dejado los ataques de pánico iniciales –que desatan la llamada «angustia anticipatoria», que puede ser peor que los propios ataques– es borrada por la huella positiva a través de estas sesiones de exposición.

Un campo de sanación excepcional

La superación de fobias a través de los sueños lúcidos se basa en el mismo principio y puede acelerar de modo sorprendente el proceso curativo. Puesto que en el sueño sabemos que no podemos recibir daño, la lucidez nos permite enfrentarnos a ellos con arrojo y desactivarlos en un tiempo récord.

Muchos de los miedos que nos acechan en la vigilia se filtran en los sueños en forma de pesadillas. Tanto si tienen un significado simbólico como si son una representación literal de lo que nos aterra, en estos desagradables episodios somos perseguidos por personajes siniestros, mueren personas queridas, caemos en precipicios sin fondo...

La reacción más habitual en la mayoría de personas es tratar de despertar del sueño cuanto antes. Atención, porque esta característica de las pesadillas puede tener un gran valor: por la fuerza de las emociones que despiertan en nosotros, durante estos episodios tomamos conciencia de que estamos soñando. Por lo tanto... ¡hemos alcanzado la lucidez!

Si desobedecemos nuestro primer impulso y, en lugar de luchar por desvelarnos, aceptamos el sueño como un campo de pruebas, tendremos en nuestra mano un instrumento de enorme poder curativo.

Dado que sabemos que estamos soñando, primero debemos tranquilizarnos y luego enfrentarnos a aquello que nos asusta: saltar libremente al vacío, derribar a nuestros atacantes –«estrangular al vampiro»–, sumergirnos en las profundidades del mar... Se trata básicamente de ganar confianza, aprovechar los poderes ilimitados de los que gozamos en los sueños para decir adiós a las fobias.

Sin duda, este entrenamiento nocturno tendrá su traducción cuando llegue la vigilia en forma de huella positiva.

La persona que tiene miedo a ir en metro puede viajar en él en sueños y comprobar que no le sucede nada malo. La persona tímida puede dar un gran discurso ante un auditorio a rebosar o declararse a su amor platónico.

En los sueños nadie nos juzga ni puede suceder nada irreparable, como comentaba Jodorowsky en su primera experiencia con los sueños lúcidos.

Si visualizamos antes de dormimos la situación que queremos trabajar, con la práctica, esta acudirá fácilmente a nuestros sueños y podremos practicar a voluntad… ¡sin gastar una fortuna en psicólogos!

El método de Robert Moss: la transferencia de sueños

Uno de los autores más importantes en el uso de los sueños lúcidos como terapia es Robert Moss.

El autor de libros como *Conscious Dreaming* o *Dreamgates* vivió en su infancia tres experiencias cercanas a la muerte que despertaron su interés por los sueños lúcidos como método curativo. Ha desarrollado lo que él denomina «sueños activos», una síntesis entre el taller de sueños convencional y los ritos chamánicos.

Robert Moss afirma que podemos soñar tanto para ayudarnos a nosotros mismos como para ayudar a los demás con la «transferencia» de imágenes sanadoras. Para ello, sus alumnos «cultivan» un sueño positivo con la ayuda de la relajación, la meditación y el tambor chamánico.

Este sueño que se va a transferir puede ser un recuerdo del pasado especialmente placentero o una imagen de creación propia. Cuando adquiere suficiente nitidez, se invita a la persona que lo necesita a entrar en el sueño para beneficiarse de su poder curativo.

El autor asegura haber obtenido con esta técnica resultados sorprendentes. Tiene especial éxito cuando se emplea para ayudar a los enfermos terminales a vencer el miedo a la muerte.

En el siguiente recuadro, Robert Moss expone dos ejemplos de transferencia de sueños. El primero buscaba la curación de un paciente y el segundo era una ayuda para una persona moribunda.

EJEMPLO 1: TIBURÓN ASESINO COMO CURANDERO

Entré en un sueño consciente, buscando claves de sanación para una mujer que se encontraba en medio de un proceso de quimioterapia para tratar un cáncer de mama. La vi como un jaguar verdoso y enfermizo en un río fangoso donde era atacada por pirañas. Yo quería sacarla del agua, pero ella no me dejaba. Entonces un hermoso y elegante tiburón de color gris-plateado apareció nadando río arriba, y me indicó: «Deja este asunto en mis manos». El tiburón comenzó a tragarse las pirañas. [...] Ofrecí a la paciente el sueño que había tenido despierto, poniendo énfasis en los detalles sensoriales. Le pedí que me repitiera el sueño, haciéndolo suyo. Sonrió a la vez que penetraba más y más profundamente en el sueño, haciéndolo suyo. Más tarde, ya de vuelta a casa, continuó trabajando con el espíritu ayudante que yo le había traído, usando un diente de tiburón como ayuda para concentrar la mente. Me informó de que se estaba recuperando mucho más rápido de lo que se esperaba y que se sentía muy animada.

EJEMPLO 2: EL MUNDO DE LOS TOBOGANES DE AGUA

Una mujer pidió ser guiada en sus sueños nocturnos con el fin de poder ayudar a su anciana madre. En su sueño, vio a su madre deslizándose hacia una inmensa piscina donde jugueteaba con un joven muy apuesto. Le gustó la promesa del sueño. [...]. Nunca en su vida despierta su madre había aprendido a nadar; es más, le tenía terror al agua. Parecía que el sueño la estaba preparando para una transición a un elemento diferente. El hombre en la piscina, creía la mujer, era su padre (quien había muerto hacía muchos años) tal como era cuando tenía treinta años. El problema era que éste era su sueño, y no el de su madre. Después de examinar la situación, llegamos a la conclusión de que ella debería tratar de transferir el sueño a su madre por medio de una llamada telefónica de larga distancia, poniendo énfasis en los detalles sensuales y en lo ameno que parecía el paisaje del sueño. Después de contárselo varias veces, su madre se puso muy contenta y animada. Una semana más tarde, recibió un regalo espontáneo del sueño. La madre llamó para decirle que ella también había tenido un sueño del que se acordaba perfectamente: «Tu padre se me apareció y me dijo que vive en un hermoso país donde la primavera es eterna y que me va a llevar con él a su debido tiempo. Tenía unos treinta años».

ROBERT MOSS, DE SU WEB: www.mossdreams.com

¿Tienen algún peligro los sueños lúcidos?

A diferencia del viaje astral, la mayoría de especialistas coinciden en que los sueños lúcidos no suelen tener efectos negativos sobre el onirauta. Sin embargo, todo es una cuestión de medida. Como cualquier actividad intensa –en este caso a nivel mental–, una práctica constante noche tras noche puede presentar algunos efectos secundarios:

- **Perder el sentido de la realidad.** La práctica abusiva de la lucidez puede provocar que el individuo confunda los sueños y la vigilia, trasladando a un estado acontecimientos que en realidad han tenido lugar en otro.
- **Desentenderse de los retos y responsabilidades de la vigilia,** con la confianza de que por la noche uno podrá cumplir sus deseos en el marco de los sueños lúcidos.
- **Procurarnos un descanso deficiente.** Los períodos REM son esenciales para el buen descanso del cuerpo y la mente. Si los utilizamos continuamente para experimentar con la lucidez, nos despertaremos con la sensación de no haber tenido suficiente reposo.

Resumiendo, la práctica de la lucidez no presenta ningún problema siempre que no se convierta en un hábito diario y exigente. Lo ideal es dedicar una o dos sesiones semanales, si se ha desarrollado la técnica necesaria para desatarla a voluntad.

ESPEJOS PERSONALES: UN MÉTODO DE LOCALIZACIÓN

Un sueño que no se interpreta es como una carta que se recibe y no se lee.

El Talmud

Además de tratar fobias y experimentar una sensación de libertad ilimitada, los sueños lúcidos son una oportunidad para buscar los espejos personales. Éstos se ocultan en la mansión de nuestros sueños, esperando que los encontremos para revelarnos detalles importantes de nosotros mismos.

Para encontrarlos hay que aprender a moverse con soltura dentro del sueño y abrir todas las puertas sin miedo a lo que podamos encontrar detrás.

Pero antes de llegar propiamente al castillo de los espejos, veremos el singular caso de un precursor de los sueños lúcidos que aprendió a dirigir sus episodios nocturnos ya en el siglo XIX.

Los sueños del marqués

En 1867, Hervey de Saint-Denys publicó de manera anónima el fruto de sus exploraciones introspectivas: *Les rêves et les moyens de les diriger* (*Los sueños y la manera de dirigirlos*). Ésta fue una obra absolutamente visionaria y pionera sobre los sueños lúcidos, ya que hasta más de un siglo después –en 1978– la comunidad científica no confirmó la posibilidad de mantener la conciencia en el curso de los sueños: la denominada onironáutica.[1]

Este singular marqués era presidente de la Académie des Inscriptions et Belles Lettres y profesor del Collège de France.

Su interés por los sueños empezó ya en la adolescencia. Cuando terminaba sus tareas escolares, Saint-Denys se entretenía dibujando en un álbum. A la edad de trece años, un día se le ocurrió esbozar sobre el papel a los personajes y cosas que veía en los sueños, con algunas notas sobre ellos. Esta actividad le permitió conservar muchos sueños y tomar cada vez más conciencia de ellos.

Mientras su álbum iba creciendo, también lo hacía su control sobre los sueños. Fue así como empezó a gozar de lucidez dentro de los sueños, que se habían convertido en una fascinante prolongación de la vigilia.

En la edad adulta siguió explorando su mundo onírico aún con más intensidad. En ocasiones pedía que le despertaran a mitad de la noche para recordar mejor sus sueños, o ideaba él mismo métodos para despertar en medio de sus episodios nocturnos.

Saint-Denys escribió su libro para paliar la pobreza de las obras científicas publicadas hasta entonces sobre los sueños y servir de guía de futuros onirautas.

CÓMO DIRIGIR LOS SUEÑOS LÚCIDOS

Si conseguimos establecer de modo terminante que la voluntad puede conservar, durante el sueño, la fuerza suficiente para dirigir la trayectoria de la mente a través del mundo de las ilusiones y las reminiscencias (como durante el día dirige al cuerpo a través de los acontecimientos del mundo real), podremos deducir que cierto hábito de ejercer esta facultad, unido al de tomar conocimiento, en sueños, de su verdadero estado, llevarán poco a poco, al que persista en el esfuerzo, a resultados concluyentes. No sólo reconocerá, en primer lugar, la acción de su voluntad consciente en la dirección de los

1. Aunque en muchas obras se utiliza la palabra *onironauta* para designar al soñador lúcido, uso el término simplificado *onirauta*, derivado de la raíz «onira».

sueños lúcidos y tranquilos, sino que pronto descubrirá la influencia de esta misma voluntad en los sueños incoherentes y apasionados. Los sueños incoherentes se coordinarán notablemente bajo esta influencia; y en los sueños apasionados, llenos de deseos tumultuosos o pensamientos dolorosos, el resultado de este conocimiento y esta libertad de espíritu adquiridos será la facultad de ahuyentar las imágenes desagradables y favorecer las ilusiones felices.

El temor a las visiones desagradables disminuirá en la medida en que se aprecie su iniquidad, y el deseo de ver aparecer imágenes gratas será más activo al reconocer la capacidad de evocarlas; el deseo será pronto más fuerte que el temor y, puesto que la idea dominante es la que hace aparecer las imágenes, el sueño agradable será el que prevalezca. Tal es, al menos, la manera en que me explico, teóricamente, un fenómeno experimentado por mí de forma constante.

HARVEY DE SAINT-DENYS, *Les réves et les moyens de les diriger*

En busca de los espejos

Ya nadie duda de que los sueños contienen mensajes de inestimable valor para nosotros. La tercera y última sección de este manual explica de manera práctica cómo profundizar en la lucidez para poder dirigir nuestros pasos en busca de nuestros «espejos personales».

Aunque en *El castillo de los 9 espejos* los mensajes se presentan justamente a través de reflejos, hay que aclarar que un espejo personal puede ser cualquier objeto o escena que en el sueño nos comunica algo que necesitamos saber sobre nosotros mismos.

Al igual que la mayoría de personas se miran cada mañana en el espejo para ver qué aspecto tienen y luego acicalarse, también los sueños nos proporcionan una valiosa información sobre nuestro estado anímico y espiritual. A veces nos comunican cosas a las que hemos cerrado los ojos hasta entonces, pero que necesitamos saber para superarnos.

—He descubierto que en el castillo del inconsciente se ocultan una serie de espejos altamente poderosos. Y lo curioso es que suelen ser exactamente nueve. Tal vez se deba a que el número nueve se asemeja a un espejo con su asa, aunque esté algo torcida.

—¿Y qué tienen de especial estos 9 espejos?

—Cada espejo refleja un aspecto diferente de ti que desconoces. Por lo tanto, aunque te cause terror, debes mirarte en él: eres tú y aquello que debes superar.

MANUAL DE INSTRUCCIONES PARA VIAJEROS LÚCIDOS

ANTES DEL DESPEGUE: LA PREPARACIÓN DEL ONIRAUTA

No lo encontrarás en ningún mapa.
Los lugares de verdad no están.
HERMAN MELVILLE

Al igual que los astronautas se preparan a conciencia antes de un largo viaje, también el soñador lúcido debe preparar la pista de despegue para asegurarse una buena travesía.

En primer lugar, es importante tener una cama cómoda y lo bastante amplia. Un lecho duro o un colchón tan estrecho que tememos constantemente caer al suelo no propicia el estado sereno necesario para mantener la lucidez onírica.

En las horas antes de acostarnos, sin embargo, hay toda una serie de medidas que pondrán nuestro cuerpo y nuestra mente «en sintonía» para el más fascinante de los viajes.

Enemigos del onirauta

La principal premisa para desatar los sueños lúcidos es, lógicamente, dormir bien. Antes de entrar en la cena del onirauta, haremos un repaso de todos los excitantes que nos quitan el sueño:

- **Cafeína.** No es ningún secreto que tomar café, té, bebidas de cola o chocolate –todos contienen cafeína– a partir de las seis de la tarde repercute de manera negativa en la calidad del descanso nocturno. Si no queremos que nuestro sueño sea frágil y superficial, lo mejor es limitarlos a la mañana y al mediodía.

- **Nicotina.** Al igual que la cafeína, es un estimulante que puede provocar insomnio. Está demostrado que los fumadores tardan más en conciliar el sueño y se despiertan más a menudo por la noche, justo lo que menos necesita un onirauta.
- **Fármacos.** Aunque no sugerimos que desobedezcas las indicaciones del médico, debes saber que muchos fármacos pueden provocar insomnio o, por el contrario, un sueño demasiado profundo para poder despertar dentro del episodio nocturno. Esto último sucede con la mayoría de tranquilizantes. En cualquier caso, si aspiras a la lucidez, empieza por no automedicarte.

Una dieta para volar

Los expertos dietistas han comprobado que ciertos alimentos aumentan la calidad de nuestro sueño. El nutriente que más ayuda a dormir es, sin duda, el triptófano: un aminoácido precursor de la serotonina, el neurotransmisor que controla el sueño y el estado de ánimo.

Donde se encuentra en mayor concentración es en la leche. Por lo tanto, un vaso de leche caliente antes de dormir no es ningún «cuento de abuela», sino el mejor elixir para los onirautas. Para los que tienen intolerancia a la lactosa, hay muchos otros alimentos ricos en triptófano: soja, arroz, pasta, avena, plátano, maíz, cacahuetes y frutos secos en general.

Además de éstos, la vitamina B6 ayuda a transformar el triptófano en serotonina. Está presente en los huevos, el pescado y la carne, que podemos combinar con los alimentos de la anterior lista. Los vegetarianos pueden sustituir la carne por tofu, seitán o frutos secos.

Poco antes de dormir, una infusión relajante acabará de preparar el cuerpo y la mente para su viaje nocturno. Éstas son las más recomendables:

- **Valeriana:** favorece el sueño y la relajación en general.
- **Tila:** mitiga la ansiedad y el insomnio.
- **Melisa**: tiene una acción sedante y ligeramente hipnótica.

- **Manzanilla**: calma los nervios y reduce la tensión muscular.
- **Verbena**: combate el dolor de cabeza.

Musicoterapia

Es bien sabido que la música suave desactiva el estrés, eleva el alma y estimula la imaginación. Un ejemplo de ello serían las obras para cuerda de Bach. Por lo tanto, los minutos previos a dormir podemos regalarnos un disco que sea especialmente evocador para nosotros.

Se ha comprobado que la musicoterapia desarrolla la creatividad, aumenta el poder de concentración y facilita la exploración de las propias emociones.

Éstas son sólo algunas sugerencias musicales de las muchas propuestas que pueden inducir la lucidez:

- «Tous les matins du monde» (Jordi Savall).
- «Canciones sin palabras» (Mendelssohn).
- «Gymnopédies» y «Gnosciènnes» (Eric Satie).
- «Alina» (Arvo Part).
- «Officium» (Jan Garbarek & the Hilliard Ensemble).
- «Music for Zen meditation» (Tony Scott).
- «High ground» (Steven Halpern).

Aromaterapia

Podemos acompañar la sesión de música relajante con un aroma inspirador que nos ayude a volar hacia otros paisajes. La aromaterapia se puede disfrutar en forma de sales en un baño caliente –ideal antes de acostarse para distender los músculos–, o bien a través de un quemador de esencias que podemos situar a una distancia prudente de nuestra cama.

Éstas son algunas de las fragancias más adecuadas para preparar los sueños lúcidos, y sus efectos según los expertos en este campo:

- **Lavanda:** desactiva la ansiedad y despierta la conciencia.
- **Romero:** estimula la concentración durante los sueños.
- **Mirra:** se utiliza para curar heridas emocionales.

- **Jazmín:** combate la tristeza y la baja autoestima.
- **Rosa:** templa el sistema nervioso y reduce la tensión.

Cromoterapia

También los colores tienen gran influencia en el inconsciente del onirauta, por lo tanto es un factor a tener en cuenta sobre todo a la hora de pintar el dormitorio. Está demostrado que colores como el amarillo, el naranja y, sobre todo, el rojo, resultan altamente estimulantes, por lo que pueden turbar el sueño de las personas más sensibles.

Éstos son los tonos recomendados por los especialistas en cromoterapia para nuestra cabina de vuelo:

- **Verde:** reduce la ansiedad y ayuda a conciliar el sueño.
- **Azul:** mitiga la tensión muscular e instaura un ánimo sereno.
- **Turquesa:** neutraliza la energía negativa.
- **Índigo:** despierta la creatividad.
- **Rosa:** promueve la armonía y la calma.
- **Violeta:** facilita la meditación y el poder intuitivo.

Una imagen para despegar

Llegados a este punto, ya tenemos todo preparado para iniciar nuestra aventura lúcida. Antes de cerrar los ojos, puede ser muy eficaz fijar la atención en una imagen que nos inspire.

En el fragmento que sigue, la protagonista se concentra en el castillo al que va a acceder en sueños para buscar sus espejos personales. Sin embargo, cualquier imagen que sea significativa para uno es un buen «propulsor» para dar el salto a los sueños lúcidos.

Si se trata de una pintura, son muy adecuadas las obras evocadoras de artistas como Paul Klee –que parece pintar directamente del mundo de los sueños–, las pinturas simbolistas de Odilon Redon o las flores de Georgia O'Keefe, por poner sólo tres ejemplos.

Una fotografía que despierte nuestra imaginación también será un buen detonante.

Una vez en casa, puse en el equipo de música el «Arabesco en mi» de Debussy. [...]

Para mi primera experiencia con la lucidez, el profesor me había recomendado que preparara la «pista de despegue» con todo aquello que me ayudase a relajarme y soltar la mente. Siguiendo sus indicaciones, me había puesto muy cómoda y había bajado las luces hasta la penumbra.

Prendí mi mejor incienso y el aire se perfumó con sinuosas serpientes de humo que parecían danzar al son de la música. Completé los preparativos con una infusión de hierbas relajantes.

Recostada en el sofá, di un par de sorbos a la infusión antes de coger de nuevo la postal. El profesor me había recomendado que, antes de dormir, me concentrara en ella para «hallar el camino». Mostraba un castillo en lo alto de una loma, y era difícil determinar si se trataba de una fotografía o de un dibujo.

Luchando contra el sueño, fijé mi atención en la escarpada construcción de almenas doradas que refulgían bajo la luna. Sentí que el cansancio se apoderaba de mis miembros y que los párpados me pesaban. Me eché una manta encima y, con la vista anclada en el castillo, me repetía suavemente: «Sabré que estoy soñando».

En el exterior, podía oír cómo el viento rozaba las hojas de los árboles en un fresco susurro. Me distraje un momento contando las estrellas que se veían desde mi ventana. Luego volví a la postal.

«Esto no funciona», me dije, y acto seguido caí en un profundo sueño.

MEDITACIÓN Y DESPERTAR

Conoce lo que te permite avanzar
y lo que te frena en tu camino,
y elige la senda que conduce a la sabiduría.

SIDDHARTHA GAUTAMA

Las diferentes técnicas de meditación –como la que se expone en el recuadro que sigue– son una excelente manera de sembrar el terreno de los sueños lúcidos, y eso por varios motivos. La meditación permite...

- relajar completamente el cuerpo y la mente;
- aislarse de los estímulos de la vigilia;
- vaciar la mente para que pueda surgir lo nuevo;
- tomar conciencia de nuestro propio cuerpo;
- profundizar en el inconsciente;
- aumentar la atención y la concentración.

MEDITACIÓN PARA LA LUCIDEZ

Una breve sesión de meditación antes de acostarse es un medio inmejorable de acceder a la creatividad y, en particular, al mundo creativo de los sueños. Escoja un lugar lo más tranquilo posible y siéntese en una silla recta o en el suelo con las piernas cruzadas.

Para empezar, será suficiente con que medite cinco minutos. A medida que progrese en la práctica podrá ir alargando su duración hasta llegar a unos 20 minutos. Baje los párpados de modo que sólo penetre en sus ojos una leve franja de luz, o ciérrelos completamente si así lo prefiere (y no le provoca somnolencia).

El objetivo de la meditación es mantener la mente relajada y al mismo tiempo alerta, centrada en un solo estímulo más que en el incesante parloteo de los sueños. Un buen estímulo puede ser la respiración. Fije su atención en el suave movimiento de su abdomen al respirar; o bien en las ventanas de la nariz, sienta cómo el aire roza las cavidades nasales al inspirar y espirar. Cuente en silencio cada respiración hasta llegar a 10 y vuelva a empezar. Si en algún momento pierde la cuenta, vuelva a comenzar. No intente apartar los pensamientos que surjan durante esta práctica, pero tampoco les preste atención. No los rehúya ni trate de seguirlos, simplemente déjelos pasar como si fueran nubes. Concéntrese únicamente en la respiración.

Otro posible foco de atención está encima del punto intermedio entre los ojos, el llamado «tercer ojo» del yoga; procure visualizar una luz blanca en ese punto.

Una vez haya avanzado en la técnica de la meditación, con la consiguiente mejora de la atención, puede concentrarse en la idea de que su conciencia va a deslizarse suavemente de la vigilia al sueño. Puede expresar ese deseo mediante una frase, si lo desea, aunque lo ideal es atenerse a la idea abstracta del viaje, el movimiento suave e ininterrumpido que le lleva de la vigilia al sueño y a la nueva vigilia del día siguiente.

Cuando finalice su meditación, trate de mantener ese estado de calma en su mente. Lo mejor entonces es ir directamente a la cama. Sus movimientos al acostarse deben ser pausados, como si su cuerpo fluyera en armonía con su conciencia. Cuando se disponga a dormir, permita que su atención permanezca suavemente en el mismo lugar de la meditación.

DAVID FONTANA, *El poder secreto de los sueños*

¿Cómo ser conscientes de que estamos soñando?

Para percibir que nos hallamos en un sueño hay que prestar atención a los pequeños fallos e incoherencias que tienen lugar en todos los episodios oníricos. Tal vez por que nos proporcionan la información de modo muy comprimido, es como si el director artístico del sueño hubiera actuado con prisas y muchas cosas no están donde deberían, o no suceden según las leyes que rige la vigilia. Para ser conscientes de estos errores reveladores, es muy útil llevar al día un diario de sueños lo más detallado posible. Nuestro trabajo de registro y análisis queda latente y nos ayudará a reconocer los nuevos sueños tan pronto como se presenten.

Cuando empecemos a sospechar que aquello no está aconteciendo en la vigilia, debemos formularnos las preguntas: «¿Es esto real?», «¿Suceden estas cosas en el mundo de la vigilia?». Si la respuesta es «no», tendremos acceso directo a la lucidez y podremos movernos por el sueño a voluntad.

Si no estamos seguros de estar en el sueño o en la vigilia –lo cual sucede sobre todo en los primeros compases de los episodios–, podemos hacer cualquiera de estas pruebas:

- Intentar volar, atravesar paredes o cualquier otra cosa imposible en la vigilia.
- Prestar atención a los detalles de los objetos, ya que en los sueños suelen presentar contornos borrosos.
- Leer un libro o un cartel; en los sueños las letras y números suelen ser confusos.
- Observar con atención los lugares conocidos por si algo no está en su lugar.

Los especialistas aseguran que basta con hacer una de estas comprobaciones para desatar la lucidez. En realidad, hay muchas pequeñas pistas que nos indican que estamos dentro de un sueño. Éstas son sólo algunas de ellas:

- Las personas se comportan de manera extraña y poco propia de ellas.
- Aparecen personas ya fallecidas.
- Regresamos a nuestro pasado, o vemos a conocidos tal como eran hace mucho tiempo.
- Nuestra pareja o nuestros amigos nos engañan.

- Tenemos un romance prohibido con una persona de nuestro entorno.
- Somos perseguidos de manera imprevista.
- Conducimos un coche aunque no sabemos conducir.
- Todo se magnifica: damos grandes saltos, caemos por precipicios enormes, alcanzamos velocidades astronómicas (o bien quedamos paralizados y, sin motivo aparente, no logramos avanzar).
- Las proporciones de los objetos no son las mismas que en la vigilia.
- A menudo nos falta alguna prenda de ropa mientras andamos por la calle o esperamos el autobús.
- La disposición de las habitaciones de nuestra casa –o de cualquier otro espacio conocido– es diferente de la vigilia.

Algunos de estos temas puede que se repitan en nuestros sueños, por lo que si los anotamos convenientemente en nuestro diario tomaremos conciencia de ellos y los reconoceremos de inmediato en cuanto aparezcan.

DENTRO DEL SUEÑO LÚCIDO: CÓMO RETENER EL ESCENARIO

Podría estar encerrado en una cáscara de nuez
y sentirme rey de un espacio infinito.
William Shakespeare

Una vez reconocemos que estamos soñando y alcanzamos la lucidez, la dificultad estriba en no perderla, ya que, como hemos visto, suele ser fugaz. Si el onirauta no tiene mucha experiencia, puede suceder que se despierte al cabo de unos segundos o bien que entre en un sueño común en el que pierda la conciencia.

Para que esto no suceda, es importante que en los primeros compases nos repitamos a modo de mantra: «Estoy en un sueño y voy a concentrarme para no perder la lucidez». Nos repetiremos este mensaje cada vez que notemos que nos despertamos o que el escenario empiece a desvanecerse.

Algunos especialistas aconsejan que giremos en el sueño sobre nosotros mismos, mientras formulamos el lugar en el que nos gustaría aparecer.

Para reforzar nuestra lucidez, podemos repetir en voz alta aquello que queremos hacer, como: «Voy a abrir esta puerta para ver lo que hay al otro lado» o «Voy a saltar de este precipicio para ver qué hay al fondo».

Prestar atención a todo lo que nos rodea con los cinco sentidos es otra manera de afianzarnos en el sueño lúcido.

TRES MÉTODOS PARA PROLONGAR LA LUCIDEZ

Puesto que una de las limitaciones más comunes de los sueños lúcidos a la hora de lograr objetivos es su brevedad, el desarrollo de una técnica eficaz para prolongar los sueños lúcidos aumentaría de forma notable los beneficios de este estado. El estudio que veremos a continuación comparaba la efectividad de tres técnicas diferentes. [...]

El primer método para prolongar el sueño lúcido era «girar sobre sí mismo», lo que significa rotar como un bailarín o un derviche. [...]

Otro método era «dejarse llevar por el flujo», lo que significaba continuar –o tratar de continuar– aquella acción que estaba realizando el soñador cuando el sueño comenzó a desvanecerse. [...]

El tercer método fue propuesto, en realidad, por el Dr. Paul Tholey de Alemania como técnica para despertar la conciencia en los sueños lúcidos. Consistía en concentrar la atención visual en un único punto del sueño y mantenerla hasta el fin del sueño.

LYNNE LEVITAN, *A thousand and one nights of exploring lucid dreaming*

El guion que no controlamos

Es un error común creer que en un sueño de estas características todo sucederá a nuestro antojo.

Lo característico de la lucidez es, justamente, que podemos movernos por el escenario que nos proporciona el sueño, pero en raras ocasiones podemos determinarlo o cambiarlo.

Incluso algunas capacidades sobrenaturales de las que gozamos no son constantes. En un sueño podemos ser capaces de volar, atravesar paredes, resolver problemas matemáticos o vencer a monstruos descomunales, mientras que en otros estamos clavados en el suelo y ni siquiera podemos gritar.

¿Por qué sucede esto? No se sabe a ciencia cierta. Parece claro que hay una parte del control que el sueño se reserva para sí mismo, como los libros infantiles que proporcionan varias opciones al lector y la aventura se va desarrollando según sus elecciones.

Más difícil aún que cambiar el escenario resulta influir en el resto de personajes que intervienen en el sueño. Por mucho que hagamos o digamos, en última instancia no podemos saber cómo van a actuar a continuación, por lo que el episodio onírico siempre conservará un carácter imprevisto.

Dicho de otro modo, en los sueños lúcidos tenemos el control sobre nuestras decisiones y no sobre las de los demás. Lo importante es, como en la vigilia, sacar el máximo partido de las oportunidades que nos proporciona el sueño.

Me hallaba en un sendero esmeradamente arreglado. Parecía que un escrupuloso jardinero se hubiera preocupado de despejar de hierba el camino, dejando una mullida capa de césped a lado y lado. De alguna manera sabía que aquella senda me conduciría al castillo y caminaba –descalza y con pijama– a su encuentro. Una enorme luna pendía en el firmamento.

No sé por qué, tuve la certeza de que aquél era el camino. Pero, aunque andaba sin descanso, no lograba vislumbrar el castillo. De repente me di cuenta de que el castillo, el mismo que había visto en la postal, se erigía a mi espalda. Curiosamente, yo seguía andando en la misma dirección, y, tras cada paso que daba, el castillo estaba más cerca de mí.

«Estoy soñando», me dije, pues en los sueños a menudo las cosas suceden al revés.

Noté que una superficie dura rozaba mi espalda y me giré. Estaba ante la puerta del castillo de los 9 espejos, que se abrió sin que necesitara empujarla. Pese a ir descalza, no notaba el frío del enlosado de piedra, como si caminara unos centímetros por encima del suelo. Otro signo revelador de que estaba soñando.

NUESTRA HOJA DE RUTA

Si quieres llegar lejos y rápido, viaja ligero.
Deja atrás todas tus envidias y celos,
tu intransigencia, el egoísmo y tus miedos.
GLENN CLARK

Antes de iniciarnos en los sueños lúcidos, puede ser interesante redactar una lista de cosas que queremos hacer y lugares que deseamos visitar. Al plasmar estas ideas sobre el papel, queda registrado en el inconsciente, y antes o después, será tenido en cuenta a la hora de planificar el próximo viaje.

Podemos elaborar una lista con nuestros destinos prioritarios y dejarla cerca de la cama para poder repasarla antes de dormirnos.

En los talleres de sueños lúcidos, los participantes formulan deseos muy diferentes –a veces extravagantes– al planificar su viaje. Algunos de los más llamativos que se han recogido son los siguientes:

- Charlar con un extraterrestre o ser abducido por una nave para viajar a otro planeta.
- Cambiar de sexo para experimentar cómo se siente uno.
- Buscar consejo en sabios que sólo habitan en el limbo de los sueños.
- Encarnarse en nuestro animal favorito.
- Participar como actor en una película que nos gusta especialmente.
- Entrar en un libro como uno más de los personajes.

- Comunicarse con Dios o con los ángeles.
- Telefonear a nuestro inconsciente para hacer las paces con uno mismo.
- Interrogar a los muertos para obtener información.
- Descubrir qué hay más allá de la muerte.

Una jornada para la lucidez

Los que no tengan ocasión de asistir a talleres, pero quieran explorar a fondo las posibilidades que les ofrece la lucidez, pueden seguir la rutina que proponemos a continuación para preparar el cuerpo y la mente desde que nos levantamos hasta el momento de acostamos:

- **Práctica al despertar.** Los segundos inmediatamente después de despertar son los más valiosos, ya que la información que recibimos en los sueños se desvanece con rapidez cuando empezamos a interactuar con los asuntos de la vigilia. Puesto que recordar los sueños refuerza la lucidez en las sesiones subsiguientes, es importante anotar el máximo de detalles desde la misma cama.
- **Práctica durante el día.** Más tarde, podemos proceder al estudio de estos informes plasmados en pleno despertar. En el anexo dos al final de este libro hay numerosas sugerencias para organizar un diario de sueños de modo que sea más fácil entender e interpretar los propios sueños.
- **Práctica nocturna.** Una vez en la cama, nos repetiremos tres veces como un mantra: «Despertaré dentro del sueño y sabré que estoy soñando». Cuando empiecen a llegar las primeras imágenes del sueño hipnagógico, podemos tratar de aferrarnos a ellas para entrar conscientes en la fase REM. Hay que entregarse al sueño con voluntad de juego, como un niño que entra en un parque de atracciones donde espera vivir grandes emociones.

LA EXISTENCIA COMO UN PATIO DE COLEGIO

En el sueño rigen las mismas leyes que en la vida cotidiana: cuanto más te distancias, más puedes gozar de la existencia y sentirla como un gran patio de recreo. Si no consigues distanciarte, la vida puede convertirse en un callejón sin salida. Así pues, paradójicamente, el sueño me ha enseñado a *velar*, a mantener el hilo de la existencia, una corriente de lucidez, incluso a costa de grandes esfuerzos...

De este sueño inconsciente que suele ser nuestra vida hay que hacer un sueño lúcido. Hubo un tiempo en que, antes de dormir, tenía la costumbre de pasar revista a todos los sucesos del día. Visualizaba la película de mi jornada, primero de principio a fin y, después, a la inversa, según el consejo de un viejo libro de magia.

Esta práctica de la «marcha atrás» tenía el efecto de permitir ubicarme a cierta distancia de los sucesos del día. Después de haber analizado, juzgado y tomado partido, en el próximo examen volvía a repasar el día en sentido inverso y entonces me encontraba distanciado. La realidad así captada presenta las mismas características que un sueño lúcido. ¡Entonces me di cuenta de que, al igual que todo el mundo, en buena medida yo soñaba mi vida! El acto de pasar revista a la jornada por la noche equivalía a la práctica de rememorar mis sueños por la mañana.

El solo hecho de acordarme de un sueño es ya como organizarlo. Yo no veo el sueño completo, sino aquello que he seleccionado de él. Análogamente, al repasar las últimas veinticuatro horas, no tengo acceso a todos los actos del día, sino a los que he retenido. Esta selección constituye ya una interpretación sobre la cual baso luego mis juicios y apreciaciones. Para hacernos más conscientes, podremos empezar por distinguir nuestra percepción subjetiva del día de aquello que constituye su realidad objetiva. Cuando ya hemos dejado de confundirlas, somos capaces de asistir como espectadores al desarrollo de la jornada, sin dejarnos influir por juicios y apreciaciones. Desde esta actitud de testigo se puede interpretar la vida como se interpreta un sueño.

ALEJANDRO JODOROWSKY, *Psicomagia*

Un grupo de sueños

Puede ser divertido profundizar en el estudio de los sueños lúcidos en compañía de nuestra pareja, o bien en un grupo de amigos con los que compartir nuestras experiencias oníricas.

Para los que no conozcan otras personas interesadas por estos temas, en Internet hay numerosos foros –en inglés y en español– sobre la lucidez en los que los participantes ponen en común sus experiencias y plantean sus preguntas.

ATERRIZAJE Y REFLEXIÓN: ¿DÓNDE ESTABAN LOS ESPEJOS?

La vida es como un espejo.
Lo que ves fuera de ti es lo que se encuentra en tu interior.
WALLY AMOS

Cuando regresamos de un sueño lúcido, tal vez al día siguiente –mientras revisamos nuestro diario de sueños–, es el momento de desentrañar los «espejos personales» y aprender de ellos.

Aquí es posible que más de un onirauta se pregunte: ¿cómo hallar los espejos personales entre la maraña de escenas, personajes y símbolos que aparecen en nuestros sueños?

Terminaremos esta sección del libro con unos cuantos trucos para descubrir los espejos personales.

Una vez localizados, en el anexo 2 damos algunas pautas para su interpretación.

Podemos sospechar que nos hallamos ante un espejo personal cuando un elemento del sueño...

- nos devuelve de algún modo nuestra propia imagen; no tiene por qué ser un espejo o un lago, también desempeña el mismo papel una fotografía de nosotros o una pintura;
- nos causa extrañeza o desempeña un papel incomprensible en la escena; probablemente eso sucede para que prestemos atención a este elemento simbólico;

- nos produce intenso terror, a veces sin motivo; por ejemplo, cuando nos asustamos ante un armario cerrado porque creemos que dentro hay algo temible;
- nos atrae de modo inexplicable, como el magnetismo que ejerce un precipicio en sueños; tal vez para penetrar en el secreto debamos saltar;
- aparece recurrentemente, a veces a lo largo de muchos sueños, señal inequívoca de que se trata de un mensaje importante que debemos descifrar.

✪

«Ya estoy soñando», me dije, y antes de que pudiera buscar el siguiente espejo, me vino un capricho irrefrenable. Quería comer un croissant. Justo al otro lado de la calle vi una panadería con nombre francés que desprendía un fuerte y agradable aroma. Supuse que el antojo me había venido al olisquear los croissants recién hechos. Como sabía que estaba soñando, crucé la vía pública ignorando los coches, que me pasaban por encima como si fueran hologramas.

Pero lo más curioso fue que cuando llegué al otro lado, la panadería había desaparecido. Sencillamente no había ningún establecimiento en aquella acera. Busqué la panadería con los ojos y vi que estaba justo en el lugar del que venía. Más hambrienta todavía que antes, volví a atravesar la vía atestada de coches para llegar al otro lado. Pero, una vez más, cuando llegué al lugar donde debería estar, la panadería se había esfumado. Esta vez había sido sustituida por un quiosco.

Me extrañó que sólo vendieran prensa inglesa, estando en mi barrio, pero me sorprendí más aún cuando vi que uno de los periódicos –el Daily Mirror*– llevaba mi fotografía en primera plana.*

ANEXO 1
UN DIARIO DE SUEÑOS

Un diario de sueños y un lápiz o bolígrafo al lado de la cama es el kit básico de cualquier onirauta que se proponga explorar los sueños lúcidos.

Tal vez al principio te dé pereza tomar el cuaderno mientras luchas por abrir los ojos, pero con la práctica lo incorporarás a tu rutina y lo realizarás sin esfuerzo. Motívate con esta idea: vas a ensanchar el conocimiento de ti mismo, lo que te permitirá desactivar tus miedos, aprovechar tus potencialidades y progresar en todos los ámbitos vitales.

En el recuadro que cierra este libro hay instrucciones detalladas para rellenar tu diario de sueños. En la parte final del cuaderno puedes «programar» los sueños que desearías tener en las próximas noches y comprobar periódicamente cuántos de ellos han tenido lugar.

Puesto que solemos recordar sólo el último sueño antes de despertar, tan sólo podrás anotar en tu libreta un sueño por día. Sin embargo, como los episodios lúcidos son más intensos y se recuerdan más fácilmente, con la práctica es posible que puedas anotar dos o tres viajes por noche.

Es de extrema importancia que escribas en el diario sólo cobrar conciencia, ya que el mundo onírico se disuelve en la vigilia a gran velocidad.

El palacio de Kubláі Khan

Prueba de esto es la desafortunada anécdota que contaba el poeta Samuel Coleridge. Su salud no pasaba por su mejor momento, y tras tomar tintura de opio –muy común como remedio en aquellos tiempos–, cayó dormido en pleno día mientras leía en un libro de viajes la inscripción «aquí mandó construir Kublái Khan un palacio».

Al despertar, encontró que tenía en la mente un maravilloso poema totalmente acabado sobre la construcción del palacio de Kublái Khan. Sólo tenía que escribirlo, pero cuando anotaba el segundo verso, un hombre llamó a la puerta para hablar de un negocio.

Coleridge se vio obligado a atenderlo, y cuando regresó a su estudio, una hora después, los versos se habían desvanecido. Desesperado, por mucho que se esforzó en evocarlo, el poema se había marchado al misterioso mundo del que había venido.

Kublái Khan quedó condenado a ser un fragmento mínimo de una obra maestra que duerme para siempre tras el velo de la vigilia.

El sueño del monje

Para los que deseen hacer un «intensivo» de sueños lúcidos y lograr un recuerdo más vivo de lo que sucede en el episodio, pueden recurrir a la técnica utilizada por surrealistas como Dalí, llamada «el sueño del monje».

Recibe este nombre porque los monjes que lo practicaban originalmente se dormían con una pesada llave en la mano. Al entrar en el sueño profundo, los mús s de la mano se relajaban y la llave caía al suelo despertando al soñador con el estruendo.

Se cuenta que Salvador Dalí utilizó esta técnica para pintar alguno de sus cuadros, que reproducía literalmente del lienzo de sus sueños.

Un método menos expeditivo e igual de eficiente consiste en poner el despertador para que suene una hora antes de despertar. Éste es el momento en el que los sueños son más vivos, por lo que podrás anotarlo en tu diario con todo lujo de detalles.

Si luego vuelves a dormirte, el recuerdo todavía fresco del episodio es probable que te posibilite un sueño lúcido en el mismo escenario.

ESCRIBIR UN DIARIO DE SUEÑOS

¿Qué clase de detalles hay que incluir en un diario de este tipo? La respuesta es: cuantos más, mejor. A medida que vaya adquiriendo práctica conseguirá recordar más y más detalles. Apúntelos. Tal vez sean importantes cuando pase a interpretar sus sueños. No deje que interfiera ninguna teoría sobre lo que significan los sueños. Correría el riesgo de pasar por alto detalles que en realidad pueden ser muy significativos.

Escriba el diario del siguiente modo:

- Anote los acontecimientos del sueño en orden. Quizás no parezca importante cuando éstos aparecen de manera inconexa. No obstante, al analizar el sueño muchas veces se esclarece la relación entre los distintos elementos.
- Tome buena nota de los personajes que intervienen en el sueño. ¿Quién aparecía y quién no? Si alguno de ellos le ha recordado a alguien que conoce, apúntelo. No confíe demasiado en su memoria.
- Si aparece algún escenario conocido, recoja las diferencias entre éste y el del mundo real. ¿Estaban las puertas/ventanas en el mismo lugar? ¿Eran del mismo color y medida? Y así sucesivamente.
- Asimismo, apunte todas las diferencias entre las personas conocidas del sueño y las de la vida real.
- Registre los personajes no humanos que aparecían en el sueño (animales, ángeles), así como los objetos que se comportaban como si estuvieran animados.
- Tome nota especialmente de las escenas, temas o personajes *recurrentes.* ¿Ocurren/actúan siempre exactamente igual?
- Escriba todos los colores que recuerde.
- Apunte todas sus reacciones emocionales.

Por último, no confíe en su memoria. Seguro que cuando lea más adelante su diario no recordará en absoluto haber tenido algunos de los sueños. Por muy claros que parezcan en el momento, *anótelos.*

DAVID FONTANA, *El poder secreto de los sueños*

ANEXO 2

INTERPRETACIÓN: LA LECTURA DE LOS ESPEJOS

El origen de la interpretación de los sueños se pierde en la noche de los tiempos. Desde siempre, los episodios oníricos han inquietado y ha habido sacerdotes y magos encargados de darles un sentido.

Con la invención de la imprenta, nacieron los primeros diccionarios para interpretar sueños, muchos de los cuales se distribuían de forma clandestina por ser considerados por las autoridades religiosas una actividad ocultista que no se ajustaba a la fe oficial.

Sin embargo, la mayoría de analistas de sueños dudan de que un diccionario general pueda tener alguna utilidad, ya que los símbolos tienen un sentido u otro dependiendo de cada cultura, así como del pasado y situación del soñador.

Soñar en una manada de caballos, por ejemplo, no significa lo mismo para alguien que ha nacido y se ha criado en la ciudad que para un ganadero que vive con los animales.

Por lo tanto, sólo uno mismo puede interpretar las cosas que nos pasan cuando cerramos los ojos.

¿Qué nos dicen los espejos?

Ya hemos visto cómo localizar los espejos personales que se ocultan en los rincones de nuestros sueños. Una vez los hemos «aislado», empieza la gran tarea para el interpretador, porque para captar el mensaje que llevan implícito hará falta un ejercicio considerable de autocrítica y sinceridad.

A veces tendremos que dar varias vueltas al símbolo hasta dar con aquello que pretende comunicarnos.

La mejor manera de entender un símbolo que se resiste a ser interpretado es abordarlo desde una perspectiva multidisciplinar. Si su sentido no nos resulta evidente en una primera lectura, podemos adoptar estrategias alternativas:

- Anotarlo en nuestro cuaderno y dejarlo descansar unos días. Es muy probable que en frío logremos encontrar una interpretación razonable.
- Escribir en un papel todas las palabras que asociemos automáticamente con ese símbolo. Tal vez su significado se oculte en un segundo nivel de lectura.
- Dibujarlo para poderlo contemplar desde otra perspectiva. Muchas personas aseguran haber desentrañado sus sueños en el curso de una actividad artística.
- Escribir un pequeño texto o un poema que transmita la sensación que produce ese símbolo. En la creación intervienen procesos inconscientes que pueden dar con la clave del asunto.
- Preguntar cuál es su significado justo antes de dormirse para que el inconsciente envíe un mensaje más evidente.

Sólo me queda agradecerte tu atención y desearte muchos y fascinantes viajes. Espero que este libro te haya ayudado a explorar esta mansión fascinante de la que sólo tú tienes la llave, y que contiene secretos que pueden ampliar horizontes –interiores y exteriores– en la aventura de tu vida.

Francesc Miralles

BIBLIOGRAFÍA

BAREA, C.: *El sueño lúcido.* Océano, 2002.
FONTANA, D.: *El poder secreto de los sueños.* Océano, 2000.
JODOROWSKY, A.: *Psicomagia.* Siruela, 2004.
LABERGE, S.: *Exploring the world of lucid dreaming.* Ballantine, 1991.
—: *Lucid dreaming.* Soundstrue, 2004.
MOSS, R.: *Conscious dreaming.* Three Rivers Press, 1996.
—: *Dreamgates.* Three Rivers Press, 1998.
NORBU RIMPOCHÉ, N.: *El yoga de los sueños.* Dharma, 1997.
SAINT-DENIS, H. DE: *Les rêves et les moyens de les diriger.* Oniros, 1995.
SPEZIALE, F.: *Sogni Lucidi.* Il punto d'incontro, 1999.

ACERCA DEL AUTOR

Francesc Miralles nació en Barcelona en 1968, hijo de una modista y de un auxiliar administrativo. Su vida académica no despegó hasta que una profesora universitaria le contagió la pasión por el alemán. Se licenció en Filología alemana y realizó un máster en Edición para trabajar posteriormente como traductor y más tarde como editor en un sello de autoayuda, hasta terminar como *freelance* para el sector editorial.

En un largo viaje por la India escribió su primera novela. Al principio de su carrera literaria se centró en la narrativa juvenil, para luego escribir novela para adultos y, a continuación, atreverse con el ensayo. Muchos de sus libros han estado en las listas de los más vendidos de diversos países, y obras como *Ikigai: los secretos de Japón para una vida larga y feliz* ha sido traducida a casi 60 idiomas.

Periodista de medios como El País Semanal, Mente Sana y RNE, en la actualidad imparte charlas y talleres de desarrollo personal en todo el mundo.

ÍNDICE

Las llaves de la reina loca es un libro con dos lecturas distintas, una evidente y otra no tanto, una mágica y otra realista. A medida que vayas recorriendo sus páginas, conocerás la divertida y conmovedora historia de un rey que tenía dos hijas gemelas y dudaba sobre a cuál de las dos dejar la corona. Pero cuando termines el libro, si vuelves a leerlo, descubrirás una segunda historia completamente diferente que habla sobre nosotros mismos y **la importancia de pensar con los dos hemisferios de nuestro cerebro**.

Una imaginativa metáfora de nosotros mismos que nos enseña la importancia de contemplar el mundo con los dos hemisferios de nuestro cerebro y cómo podemos **llegar a ser más inteligentes** según la actitud que adoptemos ante la vida.

El coaching es una herramienta cada vez más valorada por las empresas y por todas aquellas personas que quieren dar un gran salto adelante. En palabras del autor de este libro, «te ayuda a hallar el interruptor de la luz de la habitación en la que tú te encontrabas a oscuras».

Las 22 historias reales de superación que componen este libro permiten incorporar a la propia vida el poder de la empatía y de la buena comunicación, a la vez que nos enseñan a superar los miedos y limitaciones que ponemos de forma artificial en nuestro camino.

Después de cada caso, Josecho Vizcay, un coach de enorme prestigio en España y Portugal, nos proporciona claves y ejercicios prácticos para aplicar a nuestra propia vida.